面包理想 著

超过 **50000** 位**程序员**的职业咨询**经验总结**

程序员的 7堂职场课

| 明确定位 | 职业规划 | 简历撰写 | 平台选择 | 面试技巧 | 技术提升 | 瓶颈突破 |

告别职业焦虑，成就更好自己

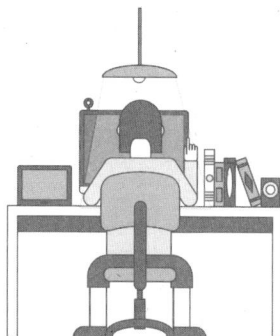

人民邮电出版社

北京

图书在版编目（CIP）数据

程序员的7堂职场课 / 面包理想著. -- 北京：人民
邮电出版社，2020.2
ISBN 978-7-115-52256-6

Ⅰ. ①程… Ⅱ. ①面… Ⅲ. ①程序设计－工程技术人
员－职业选择 Ⅳ. ①C913.2

中国版本图书馆CIP数据核字(2019)第221644号

内 容 提 要

　　本书是一本面向程序员职业规划的解惑书，介绍如何应对代码之外的职业发展问题。其中，第 1 章总结并分析了程序员常见焦虑的原因；在此基础上，第 2 章至第 5 章分别解读了程序员在不同职业发展阶段所面临的问题，主要包括职业整体规划、求职跳槽、技术提高和职业瓶颈突破等；第 6 章和第 7 章则深入剖析了程序员常有的思维怪圈和常见的职业发展的"大坑"，旨在帮助他们避开陷阱，稳步提升。

　　本书语言幽默，案例丰富，适合关注职业发展的程序员、IT 相关专业的学生和培训机构学员阅读，也可供想了解程序员相关职业的人士参考。

◆ 著　　　　　面包理想
　　责任编辑　　俞　彬
　　责任印制　　马振武

◆ 人民邮电出版社出版发行　　北京市丰台区成寿寺路 11 号
　　邮编　100164　　电子邮件　315@ptpress.com.cn
　　网址　http://www.ptpress.com.cn
　　北京市艺辉印刷有限公司印刷

◆ 开本：700×1000　1/16
　　印张：14.5
　　字数：138 千字　　　　　　　2020 年 2 月第 1 版
　　印数：1 – 2 500 册　　　　　2020 年 2 月北京第 1 次印刷

定价：49.00 元
读者服务热线：(010)81055410　印装质量热线：(010)81055316
反盗版热线：(010)81055315
广告经营许可证：京东工商广登字 20170147 号

以前我在我的职场心愿清单上写过很多东西，但没有任何与程序员相关的职场书。我始终认为，关于技能、关于职业、关于行业，以及诸多我尚未解开的疑惑，在我没有清晰地认知之前，为何要让这些职场书来指点我的未来？

每个人的经验都是不可复制的，坑多大，自己跳了才知道。只有不断地碰壁、再碰壁，找到属于自己的路线及轨道，才是正确对待职业的态度。甚至有段时间我还认为，这类工具书在某种程度上剥夺了人的创新能力和适应能力。

——在没有看到这本书之前，我是这样想的。

但是看了这本书之后，我认为我的想法不完全对。

一个月前，作者在微信上跟我说他写了一本关于程序员的书，让我写个推荐序。开始我觉得非常不可思议，看完后，才发现《程序员的 7 堂职场课》这本书里关于职场上的焦虑、规划、技能、瓶颈等内容，是积极的。总会有某些片段，使人突然直面真实的自我。

本书能够引导帮助那些将要进入职场或初入职场后试图挣脱困境而不得的人建立大局观，把他们以往所感受的、经历的片段穿插起来，并不断地拓宽思考边界。它并非一副速成良药，也不是一碗心灵鸡汤，我更愿意将它定义为一份普通的蛋炒饭——看似普通，但有独特的味道和态度，你能吃得出来，也能感受得到，它具备顽强、可复制的生命力。

在这个 IT 技术迅速变革、有着前所未有的活力又陌生的时代，一些程序员不免陷入了在职场上寻求"一招鲜"的安稳和庇护这种饮鸩止渴的成长方式，本书则介绍了程序员们如何通过初心来寻求自我价值，以及如何在浮躁的职场里寻求内心的稳定，坚持自我价值。

读本书的每一个章节，我都能感受到作者在做程序员职业咨询过程中的深刻思考，以及不同的选择与突破。故事中那些"消极自由"产生的自嘲、孤独、焦虑，我们多少会感同身受。本书或许对还在迷茫中的你能够有一些温暖的启发，帮助你对职场和人性有更清醒的认识，从禁锢自己的力量中冲出去。

本书也许有些内容对你并不适用，但是在职场拼搏需要这些经验，它能让你对自己的职业有更清晰的规划，能让你更加热爱自己的事业。你可以试着了解作者在程序员职业咨询过程中对不同行业的选择，对不同职场的态度，对不同规划的解读，以获得更大的前行力量。

不该跳的坑，还是别跳了，这本该是个好习惯。

中国数据科技集团

中数经纬科技（北京）有限公司

副总裁　林师授

2019 年 10 月 21 日

每次别人问我是做什么的，我的回答都是"程序员发展咨询"。

很多程序员不明白，我就接着解释：**"解决程序员事业发展的所有问题，提供建议和解决方案。"**

聊到这儿，有 80% 的程序员会显得很好奇："还有这么一个职业？"

另外 20% 很纳闷："您是怎么想起来做这一行的？"

这件事说来话长。

2016 年的夏天，几个学生约我喝茶。他们都已经参加工作，资历最老的都已经有"5 年工龄"了。本来是件高兴的事，大家有说有笑很和谐，我随口问了一句：

"你们现在都在做什么啊？在外边感觉怎么样啊？"

没想到瞬间冷场了。几个大老爷们儿支支吾吾的，谁也不肯接话。

按道理说，他们几个在学习阶段表现得不错，用几年的工夫再不济也应该是 2 万元～ 3 万元的月薪外加年终奖和期权吧，怎么一聊到正经事，都不说话了？

难道刚被炒鱿鱼？不至于这么尴尬吧？

终于有人打破了沉默："老师，其实这次我们几个回来，就是想听听您的意见。毕业之后哥几个一直联系着，在公司里混得……多少有点不太顺，这不刚见面，还不知道该怎么起这个话头……"

其他人纷纷点头，我恍然大悟。

细聊后才发现真是"家家有本难念的经"。

有的人一毕业倒是进了一线大厂,但是职场经验少,该踩的坑他都踩了个遍,别说升职加薪,就是每年 20% 的薪资涨幅都难以保证;

有的人是没想好自己的定位,3 年下来,平均半年换一次工作,在前端、后台,安卓、iOS,设计、测试、运营等不同类型的岗位上跑了个遍,到现在还是拿着 8000 元的"入门级"工资;

而有的人,吃亏在不会选平台,本来是一个挺有闯劲的小伙,进了一家"养老型"公司,结果温水煮青蛙,几年过去,技术完全废掉,骨头都酥了……

听了他们这几年的经历,我心里很难受。原本以为,程序员嘛,靠技术吃饭,当年他们毕业的时候,虽然一个个都很平凡,但我想凭他们敲代码的手艺,在这个行业、在北京这样的一线城市,应该能博得一席之地。

那天他们走的时候已经是晚上 8 点了,我一个人还在喝茶的地儿多待了一小时。周围挺安静的,但我心里总觉得哪里不对。想来想去,我心里冒出一个问题:技术到底能帮他们走多远呢?

回到家里我又联系了几十个之前的学生,发现不少小有成就的人,其实在学习阶段并没有什么突出的表现,甚至表现得还相当差劲:有 40 岁才入行的,也有当初连英语单词都拼不利索的。我心想,影响一个程序员职业发展的关键因素是什么呢?

到了后半夜,我认定了:影响职业发展的原因,反正不是单纯的技术。

从那天起,我开始留心学生向我提出的每一个问题:

"程序员该怎么给自己定位呢?"

"选公司、挑平台的时候,程序员该有什么注意的地方呢?"

……

有的人可能会纳闷:互联网现在这么发达,不能去网上找找吗?

还真不行。

有不少学生在职场上遇到问题，又不知道该找谁咨询，就在论坛或者网站上找各种"过来人"的文章参考借鉴。虽然网上的文章看着觉得道理都对，各种趋势分析满天飞，但关了电脑，这些学生还是不知道自己该怎么办。

毕竟互联网行业发展非常迅速，每一天都在变化。再说了，就算环境不变，怎么就能立刻找到一篇能解决自己当下问题的文章呢？

有的人还有想法：身边有那么多过来人，这些职业上的事情，请教同事，也是一条路吧？

现实证明这条路也走不通。

先不说同事跟你有没有利益上的冲突，单说他提的建议到底适不适合你，就很成问题。

有一个学生就跟我说："老师，我身边都是技术'大牛'，自己以后怎么发展，我问了一圈，一人一个说法。这就算了，关键是他们的建议我一个也用不上，听了半天，还是不知道该怎么办……"

向我提问的学生越来越多，我渐渐发现：虽然问题千变万化，情况层出不穷，但貌似存在规律性的方法，可以切实有效地解决他们的问题。

每次听到学生对我的建议表示感谢，我就很开心。倒不是因为自己敲出了世界上绝无仅有的代码，而是知道自己的方法管用，能够真正地帮到每一个程序员。

量变产生质变，当我把目光放在**"解决程序员事业发展问题"**上时，我发现好像能做一些更有价值的事情。我着实想了一段时间，最后决定把它作为今后事业的方向。

就在我为自己做好全新定位，开始专门解决程序员的事业发展问题时，一个让我头疼的现象出现了：

"回头客"太多。

之前找我做过咨询的客户，总是不定期地"回访"，问题接连不断。虽然每次我都能给出具体的建议，但是用不了多长时间（长则半年，短则3个月），他们又来找我咨询新问题了。

是我的建议没办法落地吗？但凡在我这里付费咨询的客户，我都本着"负责到底"的原则，扶上去，再送一程。可是现在看来，这得送到什么时候才能让他们走上正轨，实现职业生涯的"组件化"呢？

我的时间越来越不够用，有段时间实在是太忙了，我无奈地推掉了新来咨询的客户，心想：还是把现有客户的问题解决掉吧，走还没有学会，跑起来容易摔。

随着问题的深入，我发现，**程序员的事业发展是一个系统性问题**，而系统性问题注定需要体系化的解决方案，然而这不是一朝一夕的事情。

试想，一个刚毕业的"程序小白"，不可能一步登天成为技术大神，其职业发展的初期更需要的是自我管理（无论是时间管理、工具管理还是精力管理）。等他慢慢地适应了职场，就需要了解职场的运行规律，掌握与人沟通协作的技巧，接着是提升团队管理能力、项目管理能力，最后站在更高的层级，来掌控一项业务、一个部门。

只要一个程序员还想往上走，问题就会像代码里的错误一样，层出不穷。

了解到这一点，我便有了写一点东西的想法。目前在线下，虽然我已经能够为客户提供系统的解决方案，然而互联网行业那么大，有太多的程序员还在前人踩过的坑里挣扎。想到这里，我总觉得很是可惜：

有的人明明技术能力突出，却因为其他的因素，和自己心仪的工作失之交臂，损失的不仅是那一点点薪资，还有时不再来的机会；

有的人明明是一个勤奋努力的好青年，却因为定位不清、方向不明，在错误的道路上狂奔，在用汗水犯错的同时，还时刻感动着自己，质问世界"我到底哪儿错了"；

有的人明明想趁着年轻，多积累点项目经验，好让以后的路越走越顺，可偏偏遇到一个"坑人"的平台或者"烂领导"，让自己在事业发展上遭遇"围城"……

这些人都想着努力工作，让身边的人过上幸福的生活，只不过因为犯了一些"小错误"，所有的努力就付诸东流。的确是做错了，可代价，也太过沉重。一个人，一辈子，又能年轻多久，经得起多少次"从头再来"呢？

鉴于此，在朋友和学生的鼓励下，我写下这本书。书里面收集了我这些年遇到的大量程序员的真实职场案例，不管你是刚准备找工作的"准程序员"，还是已经在职场奋斗多年的"老司机"，不管你是挣扎于技术该如何发展，还是纠结于是否要转型，你都能在这里面找到想要的。

如果你在读到某个故事的时候，有那么一点似曾相识的感觉，读完之后有那么一点点收获，那么我为这本书的面世所付出的一切努力，都是值得的。

希望书里的内容，可以真正帮到对面的你。

面包理想

2019 年 9 月

Contents 目 录

第 1 章　程序员都在因为什么而焦虑

1.1 最主要的来源：迷茫　/003

1.2 一个客观的来源：技术更新　/003

1.3 人性的弱点：攀比　/004

1.4 不得不考虑的现实因素：生活　/005

1.5 致命的问题：过度敏感　/006

第 2 章　8 个核心帮你规划职业之路

2.1 互联网行业的未来在哪里　/009

2.1.1　互联网真的饱和了吗　/009

2.1.2　什么样的人才算专业　/010

2.2 程序员的职业路径，真的可以规划　/013

2.2.1　别把规划当成了计划　/013

2.2.2　做规划，要给自己增加选项　/014

2.2.3　规划不是一劳永逸的事情，而是一种能力　/015

2.2.4　规划的每一步，必须要有理由　/016

2.3 怎么判断自己入对了行　/017

2.3.1　进行判断时的易陷误区　/017

2.3.2　判断标准很简单：不讨厌、有期待　/019

2.4 平台对程序员的影响，究竟有多大　/022

2.4.1　平台影响习惯　/022

2.4.2　平台选对了，能给自己必要的约束　/023

2.4.3 平台还影响着人人都关心的财富 /024

2.5 做大公司的螺丝钉还是小公司的顶梁柱 /026

2.5.1 重新认识"大公司"和"小公司" /026

2.5.2 重新选择维度 /027

2.5.3 重新认识"大公司"和"小公司"的本质 /029

2.6 到底走管理，还是搞技术 /030

2.6.1 技术的误区：程序员单纯把技术搞好就行了 /031

2.6.2 管理的误区：管理不需要什么真本事，就看谁会拉关系 /032

2.6.3 选择的误区：管理就是比技术强 /033

2.6.4 到底该怎么选：看阶段，看价值 /034

2.7 创业，是捷径还是坑 /035

2.7.1 创业失败，败于创业动机 /036

2.7.2 创业其实是少数人的游戏 /038

2.7.3 关于创业的思考 /040

2.8 程序员最大的坑，是路边的风景 /041

2.8.1 没有选择的"幸福" /042

2.8.2 没有选择的幸福，原理是什么 /043

2.8.3 如何避免职业路上最大的坑 /045

第 3 章 7 个要点帮你找到好工作

3.1 好工作，长什么样子 /047

3.1.1 好工作，提供的一定是好项目 /048

3.1.2 好工作，意味着好平台 /048

3.1.3 好工作，意味着好环境 /048

3.1.4 不同的人，"好工作"也有不同的"好法" /049

3.2 程序员的简历之"伤" /051

3.2.1 简历的本质 /052

3.2.2 简历到底该怎么写 /052

3.3 面试中，那些价值过万的问题 /056

3.3.1 "谈谈你从上一家公司离职的原因" /057

3.3.2 "说说你的缺点" /058

3.3.3 "你还有什么要问的" /059

3.4 面试官有多看重你的学历和专业 /060

3.4.1 学历和专业究竟有多重要 /061

3.4.2　学历和专业，往往是借口　/062

3.4.3　HR在谈学历、专业的时候，到底在谈什么　/063

3.4.4　如何应对这个问题　/064

3.5　占领互联网的细分行业　/064

3.5.1　所谓"占领"　/065

3.5.2　所谓"细分行业"　/066

3.5.3　所谓"占领细分行业"　/067

3.6　跳槽前该想好的问题　/068

3.6.1　首要问题：要不要跳槽　/069

3.6.2　考虑就业环境　/070

3.6.3　考虑工作的交接　/071

3.7　找高薪工作，为何越来越难　/072

3.7.1　如何定义"高薪"　/073

3.7.2　相对参照物变了，竞争的维度也变了　/073

3.7.3　市场越来越理性，不再关心"账面上的热闹"　/074

第4章　7个重点帮你提升技术水平

4.1　学编程，到底学的是什么　/078

4.2　程序员必不可少的技能　/082

4.2.1　技术水平只是结果　/082

4.2.2　真正的必备技能：学习能力　/083

4.3　学习计划如何制订才能落地　/086

4.3.1　为什么网上那么多学习计划可以参考，我们却总是半途而废　/087

4.3.2　什么样的学习计划是好的学习计划　/088

4.3.3　为什么我们不能按照计划坚持下来　/088

4.4　如何在疲劳的代码世界里保持兴趣与精进　/090

4.4.1　如何保持对学习的兴趣　/091

4.4.2　如何持续精进　/092

4.4.3　如何避免疲劳　/093

4.5　该学点什么，才能当个合格的前端程序员　/094

4.5.1　前端发展简史　/095

4.5.2　大道至简，从基础出发HTML5+CSS3　/099

4.5.3　原生JavaScript　/099

4.5.4　前端人员的"自动挡赛车"——jQuery　/100

4.5.5 掌握 ES6 /100

4.5.6 Vue、React和Angular 三大框架至少要熟悉一个 /100

4.5.7 学点算法知识 /101

4.5.8 了解一门语言 /101

4.6 全栈和专精，致徘徊的你 /101

4.6.1 前端、后端以及全栈，职能分别是什么 /102

4.6.2 怎样才算一个合格的全栈 /104

4.6.3 全栈工程师的养成、机会与困境 /105

4.7 对于程序员，正确的学习"姿势"是什么 /107

4.7.1 学会的标准是什么 /108

4.7.2 什么样的知识需要储备 /109

4.7.3 获取知识的途径 /110

4.7.4 如何获取技能而非仅仅知道知识 /111

第 5 章　5 个问题帮你突破职业瓶颈

5.1 进入角色，突破基础壁垒 /114

5.1.1 进入角色的首要法门：有关学习 /114

5.1.2 选择了互联网，就是选择了一项事业 /115

5.1.3 最后一点：不要抱着过客的心态 /117

5.2 月薪2万元这个坎，怎么过 /117

5.2.1 学会提问 /119

5.2.2 提高解决问题的能力 /120

5.2.3 提升复盘能力和学习能力 /121

5.3 35岁后的程序员，和别人比的是什么 /121

5.3.1 新人和老人 /122

5.3.2 首要的是项目经验 /123

5.3.3 其次，团队方向性的把控 /124

5.3.4 最后，就是你的解决方案 /125

5.4 月薪超过3万元的程序员，都在做什么 /126

5.4.1 从个人视角上升到团队视角 /126

5.4.2 从技术视角突破到价值视角 /128

5.4.3 从员工视角转到老板视角 /129

5.5 突围，在离手最近的地方 /130

5.5.1 程序员的价值，在于能满足多少实际需求 /131

5.5.2　单纯的知识点，解决不了问题　/132

5.5.3　最好的突围，在离手最近的地方　/133

第 6 章　7 个解析帮你走出思维怪圈

6.1　选择了互联网，是否就是选择了加班　/136

6.1.1　程序员真实的加班情况　/136

6.1.2　加班到底错在谁　/137

6.1.3　加班3原则　/137

6.2　人工智能这么火，要不要凑热闹　/139

6.2.1　所谓的风口，指的都是大概率分布　/140

6.2.2　比风口更重要的，是起飞的资本　/141

6.2.3　起飞的资本是持续地创造　/143

6.3　平台满足不了我的需求，怎么办　/145

6.3.1　职场是公平交易的地方，不是满足个人成长需求的慈善机构　/145

6.3.2　有些需求，换多少家公司都满足不了　/146

6.3.3　要是连正常的需求，公司都满足不了呢　/147

6.4　我没有"大牛"带，技术提不上去　/148

6.4.1　进入职场，学习的逻辑已经变了　/149

6.4.2　很多东西，"大牛"也带不出来　/151

6.4.3　需要"大牛"带，本质上还是一种被动思维　/152

6.5　程序员还谈什么个人品牌　/153

6.5.1　个人品牌到底有多重要　/154

6.5.2　如何构建自己的个人品牌　/156

6.6　先积累工作经验是否正确　/158

6.6.1　"积累经验"还是"养家糊口"　/158

6.6.2　敢不敢把自己经验里边的水分挤掉，拿出来晒一晒　/160

6.6.3　经验该怎么积累　/161

6.7　我怎么总是怀才不遇　/162

6.7.1　你不是唯一，只是"之一"而已　/164

6.7.2　把本职工作做好算不上有才华　/165

6.7.3　以单一的维度盯着别人的缺点，算不上有才华　/166

第 7 章　10 个故事帮你避开职业发展的大坑

7.1　你的焦虑，不过是缺了方向的努力　/169

7.2 这样找工作，相当于去北极找企鹅　/174

7.3 你的核心竞争力丢了　/179

7.4 天天切图，这不是我想要的人生　/184

7.5 我就想要一个大平台　/189

7.6 每天这么忙，哪儿有时间提高自己　/194

7.7 乏善可陈的简历，把我拴在原地　/199

7.8 阶梯式发展，才是属于普通人的路　/203

7.9 零基础入行的程序人生　/207

7.10 别人走过的弯路，也是我们的阶梯　/211

第 1 章
程序员都在因为什么而焦虑

　　首先，咱们聊聊互联网这座"围城"里程序员都有的痛苦。这种感受，圈外的人不明白，圈里的人又觉得没必要到处讲——都是"996"、都要加班，有什么好说的？

　　在各种论坛里，有人抹黑医生，就有医生站出来辩解；有人抹黑律师，就有律师出来辩解⋯⋯目测三百六十行里，只有一种职业，别人抹黑他们的时候，他们还跟着一起"自黑"，那就是程序员——因为他们觉得其他人没有"黑"到点子上。

　　每个行业的人都有各自的职业病。说到程序员，我猜大家会马上吐槽：坐的时间长，缺运动，老盯着屏幕，脑袋里想事情，睡不好，所以颈椎病、眼疲劳、腰椎间盘突出和掉头发肯定跑不了⋯⋯嗯，甚至还有程序员讨论痔疮算不算工伤。

　　不是每个程序员都脖子疼，都头发不多，但是有一种痛苦，100 个程序员里，有 99 个都经历过——剩下的那个，因为受不了，转行了。什么痛苦这么可怕？那就是

　　焦虑。

　　你会说，哪个行业没压力？哪个出来"混"的人不焦虑？焦虑这种东西，司空见惯好吧，这也值得拿出来说？没错，如果说大家都焦虑，那么互联网行业所有程序员的痛苦就是

　　特别焦虑。

　　每个人的性格不一样，一个人也总有一万个理由可以焦虑：房贷车贷压力大、工作竞争激烈⋯⋯但是程序员的焦虑来源很独特，以至于我也曾经劝过很多朋友不要进入这个行业，因为我了解他们，就从行为举止上看，他们也不是那种能坐下来、安心敲键盘的人。所以说打算跨过这个门槛的人，适当了解行业的"负面信息"，不是一件坏事。

　　那么，程序员的焦虑来源有哪些呢？在调查了所有来找我咨询的人后，我把程序员的焦虑原因分为以下几类。大家也可以看看，判断下哪一类是自己最大的焦虑。

1.1 最主要的来源：迷茫

很多人还没想清楚自己是谁，以后要做什么事，只是羡慕互联网行业的高薪资就稀里糊涂地进了这行。没有主见最大的坏处，就是容易被所谓的"风口""薪资""财务自由"裹着走，就像进了上班高峰期的地铁站，上下车全是下意识地跟随人流。

我问过不少程序员："为什么选这个行业啊？"他们说："赚钱多啊，说实在的，有几个真心喜欢的？"

很多人入了行，还是迷茫。其实，程序员的焦虑，不在于没选择，而是可选的太多。

本来奔着西瓜去的，可路边老有芝麻，偏偏芝麻还散发着诱人的香油味，让人忍不住丢了西瓜捡芝麻。于是也就不奇怪，为什么有些程序员会为了接"私单"而耽误本职工作；有些则是还没有足够的积累就出去创业；再或者就是跟跑马灯似的换岗位——像我之前的那位学生，虽然人是聪明，但却从前端到设计，从产品到后台，折腾了一圈。他也有三十多岁了，却没有磨炼出核心能力，最后还是很焦虑地问："接下来，我该干点儿什么？"

解决这一问题，就在于先定好目标，再上路。路上的芝麻再多，你想想自己终点要摘的那个大西瓜，就忍住了。

1.2 一个客观的来源：技术更新

根据摩尔定律，每 18 个月互联网硬件性能就会翻一倍，而技术的进步，按量来算的话，复合年增长率是 20%。

对于这样的数字，很少有人会想："真好，有新东西可以研究。"大部分程序员的想法是："怎么这么快？这个框架还没学好呢！"人性本身就讨厌变化和不确定性，这无可厚非。

对于因变化太快引起的焦虑，最好的办法还是找到那些不变的东西。一个程序员的技术水平由能力和知识组成，知识充其量占 20%，而且那些经常变化的是知识当中的框架、插件，知识的底层逻辑是不变的。职场中，能力才是通用货币，技术是学不完的，把能力这一"内功"练好了，心里多少能踏实一点儿。

况且，并非所有的知识都要学，那些看起来很酷但是解决不了实际问题的知识，就别再花工夫去学了；再结合自己要走的路，把不相干的技术、不适合当前阶段学的技术拿开，那么真正要学的其实并不多。

一小步一小步地往前走，也好过原地打转。

1.3 人性的弱点：攀比

相对于技术进步，大家还是更害怕自己掉队。假如全球的顶尖技术只有 100 个科学家能掌握，那么哪怕互联网新技术每天增加 50%，大家也不会怕影响自己的饭碗，怕的就是隔壁铁柱会了 Vue，而自己连 jQuery 还用不熟。

大部分程序员还是需要通过别人来确定自己的位置和水平，偏偏互联网行业又是一个收入差距非常大的"是非之地"——顶级程序员可名列福布斯财富排行榜，而相当一部分程序员，现如今找份月薪 8000 元的工作都费劲。

我有一对咨询客户，两口子一个是前端程序员，一个是产品经理。两人在北京的大兴区买了房，孩子上的也是国际幼儿园。按道理在这样的岁数，有这样的收入，在很多"北漂"程序员里算得上小康了，但两口子整天忧心忡忡。

原因很简单：他们的同事，好几个出去创业，小公司做得风生水起。用他们自己的话来说："看看人家，瞅瞅自己，也就混个温饱，什么时候是个头？日子过得有什么盼头？"

一个关于"幸福"的误区就是"要比身边的人幸福才是幸福"。所以身边的人越优秀，自己的焦虑就越大。

1.4 不得不考虑的现实因素：生活

程序员也不能靠西北风养家糊口，人穷志短，这句话放到一些人身上，也特别贴切。

有的程序员，确实是被客观条件所限制。他们也不是生下来就目光短浅，但现实是有房贷要还，有孩子要养。我确实在北京遇到过这样的例子：一个月1万元的工资，收支实在难以平衡，最后打道回府，回老家考公务员或者转行。

这部分人在所有程序员中，占比有多少呢？不超过2%，但为了"现实因素"焦虑的程序员，至少有20%。日子还没有惨到过不下去，却因为想着孩子的奶粉钱而痛苦不已，久久不能安心敲代码，一边写注释，一边算着这个月的交通补助；一边看着技术视频，一边盘算着下次发工资的日期，惶惶不可终日。

这种焦虑，都是被吓出来的。

胆子越小，就越着急，太怕自己吃不上饭，以至于给自己定了一个"30岁一定要实现财务自由"的目标。这种想法不理智，却合情，就像一个害怕被欺负的人，迫切希望自己练3个月搏击就变成散打冠军——心情可以理解，做法不值得借鉴。

曾经有学生跟我讲："老师，我今年27周岁，事业上还是没什么起色……"

我反问他："27岁怎么了？"

他冲我瞪着眼睛："怎么了？27岁啊，再过3年我可就30岁了！"

这让我想起我曾经向一位60岁的老画家请教："人怎么才能找到自己安身立命的法子？"

老画家想了想："怎么安身立命啊？我到现在，还一直考虑这个问题呢！"

一个人的发展，就像植物开花结果，总得有个过程。有的人选对了路，三五年就有眉目；有的人路走岔了，七八年才有起色。千万不要因一条路走了3个月看不见成效，就开始反思对错，也不要因半年没看到钱就开始质疑工作价值。

对于"27 岁还一事无成"的那种焦虑，大家还是挥挥手说再见吧！

1.5 致命的问题：过度敏感

控制情绪很重要，一旦一个人大惊小怪的习惯养成了，一点儿风吹草动就能让他睡不好。

做线下演讲的时候，我经常和大家分享安慰自己的 3 句口诀：

"没那么严重。"

"这事没那么难。"

"该过去的就让它过去。"

有的人在单位里受了点儿委屈，甚至自己事情没做好，被领导说了两句，不是怨天尤人，就是玻璃心碎了一地，感慨人心不古，自己怀才不遇。老板单独找他谈一次，他就想要辞职；项目卡壳，就觉得职业遇到了瓶颈……没必要，事情没严重到那个程度。

过度推理是一种病，得治。

总的来说，提前了解程序员的诸多"痛苦"，能让你有个心理准备，而认识到这些痛苦实际上绝大部分只是妄念，就能让你心平气和地往山顶爬。

焦虑容易让人产生一种错觉，认为自己很上进。这种错觉又让人不自觉地给自己加压，导致身上的包袱愈来愈沉重。一旦哪天想通了，把包袱扔掉，就会发现不带包袱爬山更轻松。身边那些带着大包小包的奋斗者都盯着你从他们身边弯道超车，他们始终弄不明白怎么回事，其实你不是比他们力气大、耐力好，只是少了负担。

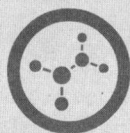

第 2 章

8 个核心帮你规划职业之路

2.1 互联网行业的未来在哪里

最近群里有人说:"互联网行业已经不像原来那么好找工作了,要学的东西越来越多,涨工资倒是越来越费劲。好多大公司都把社招停了。"后面有人问:"互联网行业红利期已经没了,是不是已经饱和了?"

说到红利期和饱和期的问题,很多行业都有。往远了说,出租车司机曾经风光一时;近了说,外卖小哥也赚了不少。只是一大批人听到消息后都进入这个行业,利润被摊薄,于是就风光不再,今非昔比了。互联网火了这么多年,会不会也是昙花一现?

2.1.1 互联网真的饱和了吗

先说说什么叫"红利期"。2013 年和 2014 年,互联网技术发展迅猛,到处都有公司在招人,到处招不够人。随便一个人,在培训机构学 3 个月的前端,会基本的切图和基础的 JavaScript,就能找一份月薪至少 8000 元的工作。

有一位朋友的公司是做 ERP 系统的,曾经开 12000 元 / 月,招不到人,后来把价格调到 17000 元 / 月,勉强招了个能凑合用的。几个月之后我问他:"那个招进来的人,干得怎么样啊?"

朋友说:"项目一结束,他就走人了。"我心想:这么快!自己跳的,还是被公司开的?

他补充了一句:"说到底还是技术水平不行,被劝退的。"

所谓的红利期,就是干得人少,只要会点儿基础知识,就能被风吹到一个不错的位置。这让我想起来,公众号刚兴起的时候,只要会打字,哪怕写的内容再烂,也有人看;2015 年大牛市,闭着眼睛买,都能赚钱,13 亿人民都是"股神"……

潮水退了,才知道谁在裸泳。很多人问我:"老师,互联网行业还缺人吗?饱和了吗?"

我只能说，饱和的是初级开发市场，这个行业，对于中高端人才还是渴求的。行业的门槛高了，它的未来，属于那些专业的人。

2.1.2　什么样的人才算专业

1. 控制得好自己情绪的人。

从个人的角度讲，工作要和生活分开，其实，公司也希望你这么干。只要身在职场而被情绪干扰，就是不专业。

由于工作性质的原因，程序员总的来说跟人打交道不多，有了情绪，只能跟代码较劲。甚至有的程序员跟女朋友吵了一架，就好几天没办法正常工作。我见过心事比较重的人，领导只不过跟他单独谈了谈，说："最近出活比较慢啊，别人跟你同一天进的公司，进步都比你大。"

其实领导就是想鞭策下他，结果接下来的两周，他就睡不好了，总想着，领导是不是对自己不满意啊？团队莫非要裁人了？是不是劝退的意思？要不要主动辞职啊？

把事情想得很严重，会徒生很多不必要的情绪。情绪一旦不平稳了，工作没办法进入状态，效率自然就低了。

2. 把事情做出确定结果的人。

以 NBA 为例，专业球员和业余球员区别不在于能不能打出好球——高中生偶尔还能献出"绝杀"呢。重要的是，专业的球星能持续高水平发挥，尤其是比赛还剩几十秒了，比分落后了，这时候就是球星体现价值的时候：只要他在场上，就大概率能把比分追平，甚至反超。

在工作中也是一样，所谓专业，就是能不断地解决各种问题，把不确定的需求做成确定的成果。并且只要人在职场，不管状态如何，总能保持一样的工作水准，时间一长，就能得到一个"靠谱"的评价："这事儿交给他，准没错。"最糟糕的是，领导提起来你，哪怕让你复印一份资料都得考虑半天。

在工作中，除了保质保量地交付代码，及时沟通也能让别人觉得你靠谱。尤其是面对上级，定期向他汇报进度，反馈问题，让他知道你进行到了哪一步。不要领导布置给你一项任务，几天都没反馈，等领导主动问，才发现你没做完，一打听，才知道你遇到了什么困难。领导一生气："你不懂倒是问啊！非要耽误了项目，让我来找你么？"

让别人对你的表现有固定的预期，个人品牌才能立起来。

3. 有自己的做事逻辑的人。

有些人刚参加工作，没有经验，很多事情没有见过，做起事来手忙脚乱，可以理解；但是如果工作了几年之后，解决业务问题还是东一榔头西一棒槌，没有章法，不讲流程，就会被人质疑专业度了。

比如到了一家医院看病，医生会告诉你："要想查出来病因，得先做什么，排除什么可能，再做什么，排除什么可能，最后，根据什么症状，进行确诊。"

这样有条理、有逻辑的解决方案，才让人信服。要是医生看了病历，跟你说："要不，你先抽个血？"拿到了报告，端详半天，又说："看起来好像不是感冒啊，这样吧，你去做个CT，算了，还是先做胸透吧！"你肯定会想："这医生靠不靠谱啊？"

商学院有个专业名词，叫"SOP"，说白了就是把固定的东西流程化，把每一步该做什么都形成固定的流程。敲代码不像流水线，但是解决问题的思路，大致的架构流程，也是万变不离其宗的。很多程序员拿到需求，就开始噼里啪啦地敲，网上随便找个插件，看着能用就开始搬，敲一段改一段，缝缝补补，耽误半天工夫，做起事来效率自然不高。

况且做事没有自己的一套逻辑的话，解决新问题就会手忙脚乱。多少程序员习惯做插件的搬运工，如果是会写但不写，还算情有可原；如果只是单纯地不想动脑筋，随便引用一个函数交差了事，而不是去理解代码背后的逻辑，那么需求换换样子，肯定就束手无策了。掌握不了思路，遇到新问题还是没办法。

4. 有成系统的知识和解决方案的人。

喜欢炒菜和成为专业厨师，完全是两码事。会炒一两个拿手菜，就可以对外宣称自己"爱好烹饪"，但是要在上午 11 点到下午 1 点，解决几十甚至上百个不同口味的客户的吃饭问题，让他们心甘情愿地掏钱，就不是一两道拿手菜能解决的问题了。

很多程序员对部分知识情有独钟，尤其喜欢热门的炫酷技术，这样做最大的坏处就是东学一点，西学一点，好像什么都会，又什么问题都解决不了。就像一个川、鲁、淮扬、湘几大菜系都只会一点的厨师撑不起来一个餐馆一样。

5. 寻找更好的答案，不应付交差的人。

互联网的行业逻辑很简单，所有的报酬都跟人的能力有关，而能力能否提高，在于这个人是一直寻找更好的解决方案，还是交差了事。两者的差别，细分到每一天，用肉眼看不出来，公司也很难在制度里写上"不能应付公事"，只是时间长了，差距会慢慢拉开。

我曾经以为，仔细琢磨敲过的代码，看看有什么可以优化的地方，这是天经地义的事情，后来接触了很多学生，才听到另外一种声音："平时工作都那么忙，能交工就行了，没空想那么多。七改八改地弄完得了，活都干完了，谁闲着没事儿查旧账啊！"

算不清楚的旧账可能会变成涨不上去的工资，应付和主动成长，往往在一念之间。

所谓"专业",不过是控制好自己的情绪,输出稳定的成果,形成自己的做事逻辑,有系统的知识和解决方案,在寻找更好答案的路上越走越远。

很多聪明人在做事之前,总喜欢看趋势、算概率,忍不住凑热闹,又不肯用心做,总想着成功的概率是几千分之一甚至几万分之一,有了这种心态只能是在赛道上充当不同分数的"分母"。说直白点儿,这些人就是"一将功成"后面的"万骨枯"。任何行业,过了所谓的"红利期",进入"饱和期",都是专业的人在赚钱。同样的行业,不同的利润,比的不过是谁更愿意"玩真的"。专业的人在这个行业,永远有未来。

2.2 程序员的职业路径,真的可以规划

参加线下论坛的时候,总有人问我是做什么的,我不想把事情说得太复杂,就解释得通俗一点:"解决程序员事业发展上的问题。"对方理解得可能不是很全面:"是给程序员做职业规划吗?"我答道:"程序员的职业规划只是我们服务内容的一部分,除此之外,还包括沟通协作、优势发展、瓶颈突破……"

对方很是不解地打断了我:"这个行业每年变化那么快,每一阵的风口都不一样,怎么规划啊?"

程序员的职业路径,真的可以规划。

那些认为程序员的事业没办法规划的人,大部分都没有意识到怎样才是真正的"规划"。

那么,程序员们怎样才能做真正的职业规划呢?

2.2.1 别把规划当成了计划

都说计划赶不上变化,网上也有很多课程,教人如何"做计划""管理时间"。

按照我的经验，计划越详细，失败的可能就越高，再有弹性的计划，也赶不上对一段时间的规划。

程序员的事业发展不是靠数据驱动的游戏，规划也不是游戏的通关攻略，详细说明每一步到哪个地方，打哪个怪兽，捡哪个装备。它也不是一个模糊的方向，而是一套抓牌的标准。即使你不知道每一张牌具体是什么样子，但是只要按照这一标准来抓，就能心里有数。

这就像在北京租房子，得参照自己的工作地点，给自己定下来一片区域，然后再添加一系列的新标准：要有独立卫生间、采光要好、离地铁要近、月租金不能超过 5000 元……

哪怕你一不小心，租了一个周围噪声很大的房子，那么在下一次租房子的时候，标准里再添一条就是了。这一条条的标准，就是你对找房子这件事的"规划"。

判断一个规划好不好，要看它的标准是否高级。经常有人会问："找另一半，是找一个你爱的，还是找一个爱你的？"这个规划的标准有问题，因为无论找一个什么样的人，咱们最终的目标是组建一个幸福的家。

找工作，最终追求的是自我价值实现，所以刚开始规划的时候，大家要定下一个规划的标准，比如自己要在哪个细分行业或走什么样的路子，而不要在具体条件里添加暂时的外在因素，比如当下的工资。这些外在因素的重要性，其实跟另一半的样貌一样，都是次要因素。

2.2.2　做规划，要给自己增加选项

之前有同学在一家公司做 HR，时间长了，感觉自己要废掉，想出来混又不知道该做点儿什么、能做点儿什么，于是跟我打电话："你说该怎么规划一下？"

我跟他讲了自己的经历："其实刚从校门出来那一天，我也没想到自己现在会成为一个咨询师，但是每一步走得还算认真，到现在为止，还算有牌可打。'有牌可打'的重点，在于先'有牌'，再想后边的打法。"

现如今吃饭可以点外卖，买个药都能送到家里，哪怕是学习这件事，只要肯花钱，网上的视频随便看。但事业发展的这些牌，没人替你抓，得自己来。

程序员中聪明人居多，而聪明人有个习惯，就是用思考代替行动，在脑子里演练成败。想学一个框架，先分析一下行业背景，再看技术趋势，一会儿上论坛请教达人，去微博围观技术"大牛"，就是不肯在实际项目里先用一用，总是想着"挑一张最好的牌，压过所有人"。但是最好的牌摆在了面前，也得先伸手去拿啊。

2.2.3 规划不是一劳永逸的事情，而是一种能力

大部分不会规划的程序员，总以为规划是在一段时间内思考很久，拍脑袋就能出来的方案，一次规划完，剩下的事情就是执行。其实，客观上人在不断地了解现实，主观上人的想法也不会一成不变，规划就有不断调整的必要。

我看过一篇害人不浅的"毒鸡汤"，讲的是施瓦辛格如何规划自己的职业生涯——从小他就知道，将来自己要从政，并且还要从商界成功转型，达成这一切的基础，竟然是从健身开始。未来的变数太大，别说 20 年，2 年以后的事情能看清的人，也是少数。那种一眼能规划 30 年的职业，基本上到老了也是那种状态，还有什么好规划的？

况且，很多东西只有去做才能有不一样的体会，唐僧不也是在取经的路上才碰见的孙悟空吗？

人在刚开始的时候，手上的好牌有限，不要换牌桌，要想办法把臭牌扔掉，努力地按照一定的原则抓好牌，手上的牌才能越来越漂亮。

美国前总统杜鲁门年轻时抓了一副烂牌：家里世代农民，高中毕业没能上大学，做了 12 年杂工之后，经历了一战，好不容易凭借军功去炮兵学院深造，学成归来后战争结束了；好不容易赶上美国经济大繁荣，开了一个超市苦心经营，又破产了。超市破产时他已经 36 岁了。

这牌够臭了吧？坏牌一张接着一张，可杜鲁门还是努力地慢慢扔掉，坚持自

学法律，在 42 岁的时候当上了法官。

很多程序员带着完美主义的心态坐上牌桌，有看不顺眼的同事，工作中被说了几句，就要掀翻桌子，重来一把。但是即便重新开了一局，抓到手里的牌还是有好有坏，怎么办？再掀一次桌子？体力和时间都不允许啊。

2.2.4　规划的每一步，必须要有理由

大部分程序员，被问到为什么做现在手上这份工作，他们的说法都大同小异："暂时也没什么更好的选择，先干着呗！"

事业上的规划虽然重要，但是经常被人忽视的原因就在于，程序员的职业生涯不像象棋，一盘下来，你来我往，稍微不注意，一个炮就没了，一个车就丢了，甚至一步走错，就直接被将死。

程序员的职业生涯更像围棋，你放一个棋子，我放一个棋子，偶尔也有吃掉对方的时候，但大部分时间，还是在默默地圈地。一个阶段过后，才会发现："唉，怎么输掉这么多地方？回想一下，具体到每一步，好像也没有明显的错误啊！"结果再来一盘，还是一样。

现在的退休年龄到了 60 岁，算下来我们至少要花 30 年的时间在职场里打拼，时间太长了。最可怕的，就是这种"稀里糊涂"地输掉的感觉，今天少写一个注释，明天少学一门技术，每一步也都无关紧要，真到了肉眼可见的境地，又不知道自己到底哪一天过得不对。

在《穷查理宝典》中，作者查理·芒格说，人生最大的意义，在于每天晚上睡觉的时候，比早上醒来的那会儿聪明那么一点点。

而好规划最大的作用，就是把那些很多的"一点点"积累起来。能形成积累的规划，每一步都要有个理由。我有一个朋友，认准了数据可视化，无论是去游戏公司，还是去金融公司，对他的能力都是一种提升。

做咨询的这些年，我见过太多没有规划的程序员。他们不是自身不努力，也不是运气真的不好，只是少了那么点儿规划的意识，不懂得做规划的技巧。虽然

他们奋斗的时间过去不少，却没培养什么核心竞争力。如果他们能趁着还有时间，好好地规划一下，哪怕慢一点，也不至于一步一步混到无路可走的境地。

毕竟，方法对了，时间就总是充裕的。

2.3 怎么判断自己入对了行

我有一个学生曾在微信朋友圈感叹："兜兜转转这几年，又回归代码老本行了。"

这位同学毕业之后做了 1 年程序员，后来彻底转行，去金融公司当起了销售。后来听说实在挺不下去，又打算回来干老本行。他电话里还问我："老师，我现在想转行，可岁数不小了，有没有效率高点的办法啊？"

我问他为什么又回来了，他说："当初觉得写代码没意思，整天对着屏幕，特没劲，感觉自己选错了行，后来干销售，发现'行行有本难念的经'，还是敲代码更适合……"

他的心情我理解，但转行对于他来说相当于事业清零，况且他上一次清零已经失败了，留给他的时间不多，犯错的成本很高。

很多人都以为高考填报志愿的那一天，一辈子的行业就定了。实际上进入社会时，大多数人的工作和专业不挂钩，这时才是决定行业的关键分水岭。没有人一出来就知道自己要去哪家公司，从事哪个岗位的工作，但是大家可以先选定行业，再慢慢缩小范围。

2.3.1 进行判断时的易陷误区

很多人判断自己入错了行，不见得真的是这样。尤其工作头几年，不仅是他们的跳槽高发期，更是转行高发期。大多数转行并且后悔的人，都陷入了以下 3 种误区。

1. 把"不适应"当成"不适合"。

很多程序员，身在职场，却带着一股"学生气"，没有把角色从"学生"转变成"职场人"，经历了各种不适应后，统统归咎为"行业有问题"。

之前有校友托我帮他的弟弟找工作，本来我以为顺利入职就算大功告成。一个月以后，我打听了下情况，校友的语气里满是不好意思："那小子不争气，可白费你半天工夫了"。

我说："毕竟刚开始工作，能力方面慢慢培养吧。"他说："他还以为自己在上大学呢。一开始让他帮忙打下手，结果回来就跟我抱怨，说念了 4 年大学，又不是帮人来打电话、发邮件的，劳动合同里边也没写这一条啊！"

他接着说："人家还说，'老是让我干这干那的，又不多给钱，天天加班到晚上 8 点……每天晚上都是我的自由时间，老是在这个时候问我工作上的事。'你说气人不气人？"

我说："你没让他看看，周围的人、大部分互联网公司都这样？"他说："人家还有理呢，说那是互联网行业的问题，自己是入错了行。"

2. 我的能力暂时达不到行业要求，得准备准备。

作为一名程序员，如果只是追求"房车存款都在手，旅游说走就能走"的生活，那么既不要求有 180 的智商，也不用深入研究前沿科技，只需要学好、用好技能就可以了。

一个人的能力，不像血统、基因那样一辈子不能变。有的人感觉自己能力不行，就拼命补，而有的人，是换条路。

这就像打游戏，一个关卡过不去，无论是查攻略还是请教高手，要想办法通关，而不是换个游戏玩。换行业是战略行为，解决不了执行层面的事情。有一句话是这么说的，"你不是不喜欢这份工作，你只是不喜欢工作而已"。

有人说："我是想解决问题，那么走迂回前进的路子行不行？"这让我想起了我见过的最离谱的案例。一位客户问我："能不能先回去找一个轻松的工作，然后利用业余时间学好了，再重新回到互联网行业？"

当时我问他："为什么要这么干啊？一边干一边学不行吗？"

他说："现在天天加班，晚上到家就 10 点了。周末虽然有双休，家里事比较多，挤不出来时间学习。要是回老家的话，我们那儿 5 点就下班了，自由时间充裕点儿，我有准备的余地……"

能力都是在解决问题的时候顺便锻炼出来的。你用下班每天抽出来的 1 ～ 2 小时的业余学习，去竞争别人每天至少 8 小时的勤学苦练，根本没有胜算。

还有一位学生给我留言："老师，我们现在的领导不光让我切图，还把 JavaScript 的一些活交给我。我知道他在培养我，但是我总觉得自己还有很多东西要学，能力还不够。我要不要这次先推掉，等我把基础夯实一遍之后，再去做？"

我给他的回复是："千万别，迎难而上，哪块知识用到的时候不够就现补。这就像你玩任何一款游戏之前，不会先去背游戏说明。"

3. 我对这个行业已经没有激情了。

激情就像恋爱中的荷尔蒙，不能没有，但又不能看成唯一的动力。两个人第一次见面一点感觉都没有，最终走到一起的概率不大，但是结婚 50 年的老夫老妻，不可能依然只靠鲜花和巧克力维护感情。

换到工作上也一样，工作第一年都会有新鲜感，程序员普遍感觉刚入行那会儿学习效果最好，天天都能学到新东西，激情也最充足。但是，编程能力的培养不可能总是直线上升，出现瓶颈期、职业倦怠期都很正常。

我们要想的是如何调整自己，度过瓶颈期、倦怠期，而不是换一个行业。这也根本不是换一个行业就能解决的问题，因为缺乏激情而转行的人，之后会像程序里的 for 循环一样，在激情期和瓶颈期之间不断循环往复。

2.3.2 判断标准很简单：不讨厌、有期待

很多人在选行业的时候，看到的是行业"艺术照"，比如看了部电视剧，就以为现实生活中谈判官、律师就应该是电视剧中出现的样子，这完全是走了"恋爱

式极端"。

所谓"恋爱式极端",就是刚开始热恋的时候,情人眼里出西施,对方全是优点,任性看成是撒娇、自我看成是单纯;结婚以后,时间一长,看到对方又都是缺点,一张嘴就是你这个人如何如何。

我有一位同事,入职后很快就做到了总监的级别,天赋和智商是一方面原因,但是他对工作的态度,更让我欣赏。刚开始到公司,他只管打杂,没有图切的时候,就帮别人复印点儿东西,跑跑腿;后来他开始上手做点儿有技术含量的活,满脑子就都是业务。有时候鼓捣了半天,也没见他弄出来什么结果,但他讲:"哪儿有一下子就能挖到矿的好事儿?"

后来他终于把文件缩小到 10KB,给公司省了很多服务器的费用。虽然管理层注意到了他,但是并没有给他升职加薪。这事儿放别人身上,估计就开始抱怨自己怀才不遇了,但是他却想:这次的事儿还不够漂亮,下次我干一票大的。

最后他还真把网站的打开时间降到 50ms,让访问量上升了 20%,公司也给他升了职,加了薪水。有了充足的理由,自然往上走起来就容易一些。只是这些事在他看来,不过是"要干点儿厉害的事,才能让自己觉得有意义"。

所谓的"不讨厌",就是没有违背自己的价值观。

很多时候,选行业像选另一半,为了追心中的女神可以做牛做马。如果因为岁数的压力,随便找一个人结婚,那肯定不行;但是就要找一个心目中的完美灵魂伴侣,不做一点儿妥协,那也不现实,只要在原则问题上不过线,必要的妥协是不可或缺的。

没有十全十美的人,自然也没有面面俱到的行业。选行业的时候,哪些该坚持,哪些可以妥协呢?

很简单:坚持想要的愿景,对实现过程中带来的挑战适当妥协。

想不想要是一回事,怎么做到是另外一回事,如果"成为一个技术'大牛'"或者"用技术改变世界"这个愿景让自己觉得特别没劲,那么就算做到了,甚至做得比同行业 80% 的人都好，自己心里没有成就感、价值感，这样的行业还是趁早放弃。

但是一旦确定了自己的愿景——"用技术改变世界"，那么过程中的挑战就不是放弃这个行业的借口，比如加班、耐住寂寞钻研等。每个值得奋斗的未来，每个有价值的行业，都会有这些门槛。如果一个人敲代码嫌寂寞，做销售嫌丢脸，搞运营嫌麻烦，那么肯定没有一个适合他的行业。

所谓的"有期待"，就是不会讨厌这个行业的未来。

我有位同学在一家清闲的公司干了 1 年，跳出来当北漂，我问他："你的勇气哪儿来的啊？"

他说："我看到我们的老领导，都 50 多岁了，还是天天忙那些事儿，我实在不想那样，也看不到盼头……"

一眼能看到头的行业，如果那个"头"自己喜欢，或者能接受，不妨按部就班地做下去，但如果明显没办法接受，还是趁早转行。这跟个人努力、品质没什么关系。一旦天天问自己："就算干得好又怎么样？"那么转行是迟早的事，走到了弯路，也要学会及时止损。

如果看不清一个行业的未来，这对于喜欢挑战和变化的人来讲，反倒是件好事。如果在一个行业摸爬滚打不超过 5 年，那么很难对趋势有准确的把握。之所以迷茫，还是经验不够，静下心好好磨炼就好。

有选择的时候，选择比努力重要；但只要没选"死胡同"，怎么做才是最重要的事。

判断一个行业的好坏，有的人总喜欢用各种行业趋势分析报告来撑场面，但更重要的，恐怕还是自己的判断。能达到"不讨厌、有期待"，已经比很多人要幸运了，再避开明显的误区，少一些没必要的折腾，时间终究会偏向努力的人。知道了这一点，在努力的同时，自然就能多些耐心，结果也不会太差。

2.4 平台对程序员的影响，究竟有多大

有一位程序员在后台给我留言："老师，平台对一个人的影响有多大？跟自身努力比哪个更重要？是不是选择不对，努力白费啊？"

平台和努力都是必要条件。自身努力的重要性，成功学已经讲得淋漓尽致了；但是对于平台的选择，50% 的程序员是没意识，30% 的人是不会选，还有 15% 的人头几次选不到，只有那运气极好、头脑清醒的人，才不会被平台拖累。有时候我就想，如果能把程序员选错平台的心酸找个机会讲一讲，虽然不能保证每个人都找到合适的工作，但至少能让大家少踩一些坑。

对于刚入职场的人，不会选平台，不懂看项目，那情有可原。但如果在行业内待了 5 年以上、换过两三家公司的"老人"还没有确立选平台的标准，那么恐怕他的职业天花板，就会把他钉在这个位置了。

平台对程序员的影响，究竟有多大？

有的人说，平台选不对，要跳槽找新公司，来回折腾太麻烦；也有人说，平台不行的话，自己的福利待遇没保障，就算没做错什么事，公司也有可能倒闭了，因此不稳定。

这些都没错，但是对于程序员来说，损失一两个月的薪水、耽误一两个月的时间，在职业初期还不算最严重的损失。最大的影响，往往是用具体数字无法衡量的。

告别一个平台，只要交一份辞职报告就行，消除这一平台带来的影响，恐怕是一辈子的事。我认识一个学生，毕了业就一直待在一家公司，一干就是 7 年，他作为一颗"螺丝"，已经严丝合缝地融入那个机器，以至于拆不下来，也配不上别的机器。

平台对于一个人的影响，主要在以下 3 个方面。

2.4.1 平台影响习惯

人要改变有多难，大家心里都清楚，尤其是那些尝试过戒烟和减肥的人。人在一个地方习惯了，就会不自觉地把这块地盘列为"舒适区"，不过这块地盘不见

得真舒服，毕竟很少有第一次闻烟味就如痴如醉的人。

很多程序员毕业之后没经验，进了很差的公司。福利待遇差倒不是最重要的问题，重要的是他养成的"坏习惯"会让他以后上路要比旁人费更多的力气。

我有个学生，上大学时凑了一个团队就开始创业，毕业之后折腾了几年，就放弃了。公司关门之后他就应聘进了一家中型互联网公司。进去的第一个月，就老听见有人"打他的小报告"：

"代码一点儿都不规范，我都怀疑全公司就他一个人能懂。"

"连 Git 都没用过，分给他点儿活，他老是看心情，太耽误事儿了！"

时间不长，他就自己主动辞职了。临走之前自己还感慨："唉，怀才不遇，哪儿都是钩心斗角啊……"

有些程序员觉得自己的代码最厉害，别人敲的都是垃圾，宁愿自己重新敲一段，也不愿意改别人的东西，但现在都是团队化运作，学会跟别人合作是职场必备技能。平台没选好导致坏习惯养成了，得吃不少亏。

不愿意改变是人的天性，轻重程度不一样而已。与其过了 30 岁，再在"改变"和"走人"之间痛苦地抉择，倒不如一开始就进一个好平台，把好的基础习惯培养起来。

2.4.2　平台选对了，能给自己必要的约束

刚参加工作的时候，我们主管告诉我："这人啊，年轻的时候，还是要有点儿约束才好。"

当时我想：这应该是句"鸡汤"，想忽悠我多干点儿活而已。

等经历越来越多，我才发现不是这么回事儿。人的意志力有限，能逼自己一把的人，已经是凤毛麟角了，天天逼着自己玩命的人，那绝对是领袖。对于一个没那么自律的人，一个好平台，能给他合适的约束，既不会让他有钱没命花，也不会让他走肾不走心。

一次大学同学聚会，我们聊起来最近的发展。我大学时对门寝室的寝室长，

几年下来成就不小，周围人纷纷问他要"武功秘籍"。他两手一摊，苦笑着说："都是被逼的，不用新技术，活就干不完；不想办法提高效率，到了截止时间就得扣绩效。"

相比很多在一线大厂"光彩照人"的程序员，他不算勤奋，但至少也是"励志"的级别。虽然说起来都是在"996"，但有的人是这么过的：礼拜六到公司打个卡，去篮球场打几小时篮球，下午再看个电影，反正公司的业务自己熟悉，公司一时半会儿又死不掉。

什么东西都需要用努力去换，能力有大有小，工资有高有低，但努力的意识一旦被毁掉，再让人早上 6 点起来奋斗，那就相当不现实了。谁愿意为自己不喜欢的事物付出？

很多公司的稳定，从另一个角度来看，更容易毁掉一颗 21 世纪的奋斗之心。

2.4.3　平台还影响着人人都关心的财富

平台影响着财富，这句话出来，估计没人反对，但我估计有相当一部分程序员，会误解我的意思。

有程序员说："干同样的活儿，人家大公司的报酬、福利待遇就是好，像我们公司，根本没法比……"

还有程序员说："选错了平台，还得花时间换一家，这中间的时间精力，都是钱啊！"

这些其实都不重要，平台对人财富影响最大的，是能力和思维方式。

我问过一个学生，他对自己的工作比较满意，聊到原因，他很自豪地说："我们公司加班给的补助多，能者多劳，多劳多得！"

赚钱水平的提高，不是在时间的维度拼汗水，而是在单位时间内看价值。习惯了用勤奋感动自己的程序员，提高收入的方式除了接私活就是加班、跳槽。要知道，从重量上讲，大概两万多个芝麻才能顶一个西瓜，最可怕的是芝麻捡习惯了，就忘了西瓜长什么样子，即便无意中看到了，也视而不见。

我经常劝身边的学生："不要太在意最初几年的工资，无论这是你第几份工作，一切应该给能力让道。"平台带给一个人的价值，不能用钱这一个维度来衡量，否则会错失很多机会。

当你发现从好平台往其他公司跳槽，薪资能增加到 2 倍、3 倍的时候，就不会觉得开始几年多出来的那 20% 的薪水有什么意义。

无论是习惯、必要的约束，还是财富的积累，总的来说，平台对一个人最本质的影响，是锁定了做事的层次。天天切图都忙不过来的程序员，恐怕没多长时间规划未来、提高能力，最后只能是陷入死循环。

很多问题，在优秀人才聚集的好平台，已经有了成熟的解决方案。同样水平的两个人，一个在"巨人的肩膀上"不断学，另一个总是研究从 0 到 1 的事情，成长速度肯定没法比。我有很多同事跳到小公司之后，被周围的人称为"大牛"，不是他们天资有多高，只是他们用惯了的技术，新公司的人根本没见过。让一个人去做没见过的东西，就好比让外国人描述上火的感觉。

我之前有个学生，他的老板对网页的要求很简单：字大，老年人能看清就行！想想也知道，这种情况下练不出来技术，时间一长，连琢磨其他框架的心情也没了，即便学会了公司也不给涨工资，费这个劲儿干什么？

我经常说，信息时代，人和人贡献的价值，不再是大葡萄和小葡萄之间的重量差距，而是葡萄、苹果和西瓜之间的差距。10 个普通流水线工人一齐努力，制作的产品数量可能比一个优秀工人的产出多，但你把 100 个普通产品经理绑到一起，也做不出一款 iPhone。

一颗葡萄种子无论放到哪里，长出来的都是葡萄，只是个头大小有区别，但是一个人，放在不同的环境，是会产生变化的。人不可避免地会受到环境的影响，但不幸中的万幸，是我们可以选择自己的环境。

2.5 做大公司的螺丝钉还是小公司的顶梁柱

总是有程序员问我："老师，我是去一家大公司当'螺丝钉'，还是去一家小公司做'顶梁柱'？"

我总是百感交集，听这口气，好像想去哪家就能去似的。这就像一个高中生纠结："我是应该上清华，还是上北大？"

不少程序员找工作的时候，声称自己"一定要进大公司"。先不说最明智的选择是什么，单说公司的"大小"，怎么来判定呢？是规模、盈利，还是排名？

2.5.1 重新认识"大公司"和"小公司"

随着技术不断发展，员工数量已经不再是衡量公司"大小"的标准了。技术不发达的时候，大家都在搬砖，一个人力气再大，一天干的活很难超过 2 个人的量。可现在，尤其是在互联网行业，你把 5 个普通程序员绑在一起，也比不过阿里的"扫地僧"多隆。

谷歌公司在只有不到 2000 人的时候，就能依靠 PageRank 算法，冲击着拥有 8 万人的微软；长江后浪推前浪，Facebook 发展到 800 人的时候，又让谷歌感到了危机。那时候谷歌旗下的 Orkut 已经有上亿的用户，而 Facebook 才有不到几百万的用户。如果单纯以用户数量来衡量的话，这是根本不可能发生的奇迹，但是技术进步了，算法不一样了，效率自然就是千万倍的提高。

很多"大公司"的人数是阿里或者腾讯的好几倍，但是利润才是人家的十几分之一。前段时间朋友跟我讲，如果一个创业公司，尤其是互联网创业公司，人均产值不到 200 万元，基本上就没戏了。要知道，部分顶尖的一线互联网公司，人均产值是 160 万美元左右。这可是平均产值，"分母"里包括了很多客服、行政和后勤人员。

个人事业的发展，追求的是个人价值最大化。我有不少朋友倒是进了"一线大厂"，说起来也是"走在行业前端"，但是到手的福利包（绩效、奖金、股票）少得可怜，算得上真正的"有名无实"。

所以什么叫"大"，什么叫"小"？我们不能再按原来的思路，把公司规模当成唯一的标准，又或者想当然地认为所谓"大公司"就是好未来。单纯地追求"大公司"，会让自己走不少弯路。

2.5.2　重新选择维度

单纯地以"大"和"小"来评判公司，肯定失之偏颇。评价一个人的见识，要看他做选择的标准。首先，以"赚钱"或者"不赚钱"作为标准，那是低级的标准，此处我们不讨论。

什么是"高级"的标准呢？这需要跳出本来的圈子，换个维度。

有位朋友早些年做网站的 SEO，通俗点儿说，SEO 的工作就是用一系列的技术手段，让客户的网站排名靠前，让别人一搜就能搜到。

当别人都在为找客户发愁的时候，早就有人排着队给朋友打电话，让他帮忙优化。同行也眼红，偷偷地把他优化过的网站拿来研究，可琢磨了半天，也不知道他到底是怎么做的。有一次喝茶，我问他："你的优化技术都是怎么积累的？同行里边，是不是你的技术最好？"

他摆摆手："那不可能，技术这玩意儿，我是真心没啥天赋。技术比我强的，有的是。"我听了就更好奇了："你跟网站有关系，还是你发现了排名系统有错误啊？为什么你做优化效果就那么好？"

他想了想，说："你是外行，我这么跟你说吧，所谓的网站优化，就是为了让更多的人看到你的网站对吧？"

我点了点头。

他接着说："点的人越多，排名自然就越靠前，往后就是滚雪球了。优化的技术，我只会最基础的。最核心的，在于技术之外。我举个最简单的例子，在技术高手研究关键词怎么设置、发布时间怎么定、还有什么内链外链最优数量的时候，我直接把客户和大明星的照片放到网站首页。你说，谁的网站点开率高？谁的效果好？"

听了他的话，我在博客上写文章分享的时候就经常告诫自己，不要老去追求形式上的东西，比如怎么排版，该用几号字，应该插入多少图片等细枝末节，而是要从另外一个维度思考：我该怎么写出一篇文章，让程序员在工作之余打开手机时有看的欲望，看完之后，还能有所收获。

被外在的指标迷惑双眼的人，很难看清事情的本质，也就很难从更高的维度评判事情的好坏。

最近几年总听我爱人说，她有几个创业的朋友，进展都不太顺利，时好时坏。我问她："是不是今年又没赚到钱？"

她盯着我说："照你看，年景的好坏，该按什么来算？"我说："这还不简单，利润多就是年景好，利润少就是年景差呗！"

她摇了摇头："一听就知道你不是生意人，我们做生意的判断年景好坏，不是看今年赚没赚钱，而是事情有没有进展。要是今年虽然亏了点钱，但是多了很多客户，找了几家成本低的货源，那就是好年景，这钱迟早能赚回来；反过来虽然赚了点钱，但是损失了客户和渠道，这年景可就是糟糕了……"

类比到职业发展也说得通，有的程序员虽然初期薪资一般，但能力有长进了，成长了，以后的路会越走越宽，收入也会变成同龄人的三五倍；而有的人进入一个所谓的"大厂"之后，觉得多了一层保护，慢慢地开始敷衍了事，自然就只能原地踏步。

无论身处大公司还是小公司，站在"能力提升"的维度衡量，才是聪明人的思维。

2.5.3　重新认识"大公司"和"小公司"的本质

公司大或小，都能提升一个人的能力，但是侧重点不一样。带着"能力提升"的视角，我们要看清大公司与小公司的本质。

大公司的本质，是流程和规范。

认识不到这一点，就会走很多弯路。很多程序员刚进入职场，意气风发，总想着"干一票大的"，于是对公司的制度横挑鼻子竖挑眼，好像公司没有发展，全是少了自己"指点江山"。

一位建筑师朋友说，他们最主要的工作，就是每天查规范。一栋楼该怎么盖，经过无数前辈的探讨，流程和做法已经定了，自己需要的，就是"照着做"。

有程序员说："万一现在的做法不对呢？"

我说："那也是'修补性迭代'，而不是'毁灭式创新'，可以在原来的基础上优化，就像软件版本迭代。即便没有搞清楚为什么要这么做，还是要先照着做，然后再改进。"

小公司的本质，是责任与自由。

进入创业公司，很多流程不清晰，很多规定也不确定，这就给了每个人自由。

但随之而来的是责任，不管过程如何，最终要交付的是结果，享受的自由越多，承担的责任也越大。

这跟大公司不一样，大公司每个人只负责自己的"那一片儿"就可以了，出了事有明确的责任划分，所以按照固定的流程走，虽然乏味，但是安全。

最后给大家一点建议，无论去大公司当"螺丝钉"，还是在小公司做"顶梁柱"，千万不要有"螺丝钉"的心态，要培养自己"顶梁柱"的眼光和习惯。"给多少钱办多少事"就是一种典型的"螺丝钉"心态，抱着这种心态一两天无所谓，时间一长，自己就真的成了一颗"螺丝钉"。

无论是超市里的"自助结账机"，还是银行里越来越少的柜员，抑或是离我们越来越近的"无人驾驶""无人快递"，都在警示我们：做一颗"螺丝钉"，真的很危险。

毕竟，这个年代，再也没有一个绝对安全的"机器"了。

2.6 到底走管理，还是搞技术

现在，互联网圈对"大龄"程序员越来越"不友好"了。经常有人问我："过了 30 岁或者 35 岁的程序员，都干什么去了？都成了管理人员了？市面上哪儿有那么多公司需要管理啊？"

甚至有人说："过了 35 岁，不转成管理，就得转行。"到了一定阶段，程序员就会陷入"两难"的选择——转型成管理，还是一门心思搞技术？

这不仅是中年程序员才有的焦虑，一些工作了 2 ～ 3 年的程序员也来问我："现在到底该朝着管理方向走还是技术方向走呢？"

事实上，根本不存在"纯技术"岗与"纯管理"岗，就算走的是技术路线，也不可能把自己武装成一个团队，免不了要沟通协作、管理交流；就算要走管理路线，代码水平太菜，手底下的人恐怕也很难信服。更重要的是，自己想通过什么方式来实现自己的价值，自己更适合哪条路。

2.6.1 技术的误区：程序员单纯把技术搞好就行了

程序员靠技术吃饭，所以很多人把"单纯的技术"和"核心竞争力"画上了等号，总想着学一门"独孤九剑"，从此独步天下。想法很美好，但职场不是江湖，现在更不是工业时代。随着信息越来越透明，靠着"我知道但是你不知道"来构建的核心竞争力，并不牢靠。

很多时候限制一个人发展的，是认知。程序员岗位不要求每个人都高智商，技术也可以慢慢培养。但总是想着去哪儿弄点武功秘籍，然后一劳永逸，这种想法本身会很危险，会让一个人把大把的时间浪费在寻找和浅层次的尝试上。

很多程序员当初进这一行业的时候，就抱着"程序员基本不用沟通"的错误认知，认为搞技术只需要跟代码打交道就可以，眼里只认写代码能力，对所谓的沟通能力和项目推动能力不屑一顾。这种想法在脑子中扎根了，就会变成自己的瓶颈。尤其是有了一定工作年限之后，发现自己卡在一个地方动不了，不知道怎么回事，还在错误的方向反思："我是不是还得再学点新技术？"

况且就算是一个程序员，在公司里不可能一直不说话吧？小到请教同事问题，大到完成整个项目，虽说自己是搞技术的，但必要的沟通、合作，也不是技术牛就能避免的。

所谓技术人员的核心竞争力，不是"会了别人不会的技术或者知识点"，而是**"能解决别人解决不了的问题"**，这是完全不同的两码事。

我曾经听到一位企业家总结："真正的核心竞争力，就是'**告诉你，你也没辙**'。"真正的技术"大牛"，也从来不忌讳分享自己的经验和想法，因为他知道，没人能靠着想法上市。市场现在最不缺的，就是想法，最容易被偷的，也是想法。

代码可以偷，插件可以搬，但是解决问题的能力、背后的思维，就算明明白白分享出去，再聪明的人也得经历项目实战才能理解透，沉淀也需要时间。

2.6.2 管理的误区：管理不需要什么真本事，就看谁会拉关系

很多程序员，进入这个行业的一部分原因，是觉得自己"不擅长沟通"，人性本身会使自己回避不擅长的事情。但凡提到管理或销售，很多人心里就会嘀咕："成天喝酒拉关系，有什么真本事？"因为在很多程序员眼中，只有敲出来的代码才能代表本事。

话说回来，管理就是"喝酒拉关系"吗？

按照这个逻辑，谁的酒量大，谁能说会道，谁在互联网管理层的位置就越高，哪怕他连最基础的 HTML 和 CSS 都不会，连最基础的 JavaScript 交互都不会写。

有个学员跟我说："老师，我现在才明白，什么才算是好领导。"

他一开始就做一线技术，"996"嘛，他的主管虽然技术一般，好在能哄人，经常在大家加班的时候，提着水果进办公室："大家都挺辛苦的，来点儿水果吧……"平时说话也讲分寸，出了事也知道替底下人"扛雷"："都是我的问题……"主管在下属心中人缘还算可以，但是整个团队的活安排起来乱七八糟，他写的代码也只有自己能看懂，底下的人有问题，他解释不清楚，实在没辙了，就撸起袖子："算了算了，我来吧！"

2 年过去了，他带的团队当初什么水平，现在还是原地踏步，分配到团队的活，也是勉强交工。

按道理，他们团队这关系处得可以吧？主管酒量也没问题，但年终评奖就拿了 1000 元的"优秀奖"。说好的管理呢？

很明显，玩法变了。现如今，无论是消费者还是市场，都越来越理性，连销售都在强调"价值型推销"，更何况互联网企业？真正的管理，是在每个人都具备能力的前提下，通过沟通协作，让 10 个人创造 20 个人的价值，而不是让 10 个人相亲相爱，却发挥不出 5 个人的能力。

做管理，是要跟周围人协作，协调各方面资源，依靠领导力而不是权力说服别人，让整个团队给公司创造更高的价值，而不单纯是别人不会的技术自己懂，更不是把整个团队的人都哄得开心。

有一次我做线下分享，休息的时候跟到场的一位程序员聊天。聊起"职场说服"，他给我讲了件哭笑不得的事情。

他所在的团队，有一天大家被叫到会议室开会。经理讲完自己的想法，问道："大家还有没有更好的想法啊？"有一个人举手说了自己的方案，话说了一半，经理就直接否决了："不行不行！"也没有解释原因，就接着"征询意见"。后来又有几个人的想法被"不行"直接毙掉了，终于有人沉不住气了："那就按您的想法来呗！"

经理一本正经地摇头："我是在征求大家的意见，怎么能我一个人说了算呢！"众人沉默了 5 分钟，他满意地点点头："看来大家都没其他意见了，这个事儿咱们就全票通过了。"

管理要真这么简单，怎么会有"管理学"这门学科？

2.6.3 选择的误区：管理就是比技术强

很多患上"选择困难症"的人，心里都有这样一个假设：一个选项就是比另外一个强，我一定要选出来那个更好的，选错了，我这辈子就完了。

事实上，没那么邪乎。

在很多人看来，创业就是比打工强，管理别人就是比做事强，我也不知道这个"鄙视链"是怎么形成的。过年回家，要是说自己手底下管着几个人，亲戚朋友都得缩着舌头夸："哎哟，真是有出息！"

哪怕在北京，一提到自己是"带团队的"，旁边的听众也会肃然起敬。不知道这种荣誉感的来头是什么，以至于让人看不到：一线销售的提成，可能是团队经理的好几倍；一线"技术大神"的价值，不逊于任何一个小公司的"总监"。

至于两条路哪条前途更光明，更是无从谈起，很简单：都不好走，都有各自的困难要克服。不过每个人特点不同，哪怕是成天"啃"代码，时间长了都让人烦，程度不一样而已。

哪儿有什么高低贵贱？不过是合适不合适。

很多程序员当初选择这一行，是因为"自己不擅长跟陌生人接触"，至于走管理还是搞技术，更不用说，当然是选后者。可是技术道路也不是一帆风顺，最后大家又搞得自己很纠结："这可怎么办？我是不是选错了？难道我有搞管理的天赋？"

做选择的依据是"选这个更好"，而不是"我这个不行"。知道了两条路都不好走，人不见得一下子就能领悟人生真谛，但终归不会干一行恨一行。

2.6.4 到底该怎么选：看阶段，看价值

其实不仅限于互联网公司，所有大中型企业内部，都有类似于"专业路线"和"管理路线"的职业发展梯。到底走哪条路，要先看自己处于哪个阶段，再根据自身特点和个人目标来综合判断。

先看自身阶段。

"走管理还是走技术"这个问题不是初入职场的新人该考虑的问题，甚至工作前 3 年都不用考虑——技术底子都还没有搞扎实，想太多没用，就像一个小学生不用考虑文理分科的事情。

除此之外，选技术还是选管理，这对于初入职场的人来说，根本就不矛盾。就像有人喜欢问我："选择和努力哪个重要？"就算选择更重要，选完了，该努力还是要努力，就算你要走管理路线，职业初期还是要踏实搞技术。

等到技术 OK 了，再考虑选择的问题。

再说说如何根据自身特点和个人目标做综合判断。

自身特点和个人目标这两个因素，需要综合考虑。一个人事业发展到什么地步，取决于他能给企业带来多大的价值，技术和管理，都只是提供价值的侧重点不同。最理想的情况就是，想月入 2 万元时，正好可以通过侧重技术实现这一点，

而且正好也不用去搞管理。但假如技术走到头，也就 25000 元月薪，只需要加强下管理方面的能力就可以提高到 35000 元，而自己偏偏比较排斥，该怎么选？

完全在于个人选择。就看公司给的薪资和当前不怎么需要沟通协作的工作，哪个吸引力更大。

其实到了一定的层次，技术和管理也没有很清晰的分界线。一个侧重于技术的"大牛"，年入百万，沟通协作不可能是初级水平；一个互联网企业技术岗的高管，一般也不会一点代码都不懂。

有的程序员说："老师，我就是懒得沟通，觉得很麻烦。操心项目上很多事，总想着进度，心太累。我就做好上边给我的活，有点时间就接两个私单，行不行？"

当然可以，只不过，你能提供的价值，也就停留在这个层面。职场是一个公平交易的地方，不提升沟通技巧、不操心项目进度，薪水就会卡在一个位置。当然，只要这个位置，自己能够接受，甚至享受这个水平的薪水给自己带来的生活，那完全没问题。

管理还是技术，这两条路的选择，需要结合"当前阶段"和"综合价值"两个维度共同考虑。在技术还没有扎实的阶段踏实搞技术，能扩大今后选择的余地。真到了该选择的时候，结合自身条件和想创造的价值，再综合考虑。

但据我所知，没有哪种性格天生做不了管理，至于要不要去突破，想从职场中获得多少回报，就是个人选择的问题了。

2.7 创业，是捷径还是坑

有一位朋友要创业，找我做市场咨询，让我帮他分析一下方向。我们聊了不到 2 小时，效果也很明显：他老老实实地回去上班了。

很多朋友抱怨"打工赚不到钱""想财务自由只能自己创业"，我成功地把他们劝回去上班。在我看来，他们的创业动机错了，也不了解创业的真相，关于创业还没有正确的思考。在错误的路上停下来，甚至走得慢点儿，也是一种进步。

2.7.1 创业失败，败于创业动机

创业的成功率之所以不足 1%，就在于大部分人最初的动机错了。

有些人的创业理由你绝对想不到，就是：工作中干着不爽，一言不合，于是创业。

创业在他们眼中，自由快活，收入还多；上班还要天天打卡，代码敲不好还要被领导批评，一个月到手才一万元，怎么对得起自己的能耐呢？

曾经有学生跟我说："当初以为敲代码赚钱多，才入的这行，这一年多干下来，还不如在我们县城开个便利店呢，想啥时候起就啥时候起，哪儿用天天打卡，研究这些天书啊……"

有没有想过，既然创业这么简单，有这么多好处，为什么大多数人还是选择了上班？

有的人虽然换了种说法，实际意思还是没变："现在的这份工作，干着没意思。每天就切图，写点儿最基础的交互代码，没什么技术含量，也体现不出来水平，还不如去创业，赚的钱都是自己的……"

无论是上班还是创业，真正有水平的人，能把看起来最简单的事情，做得出人意料的精彩。把海参鲍鱼做出一盘菜，味道不差，是因为食材好；但是能把土豆丝或者西红柿鸡蛋做好，就是水平不一般了。

我曾经去听过一场音乐会，阿格里齐演奏的《G 大调小步舞曲》，现场听众能明显感受到那种层次感。但是这首曲子，一个初学者也能弹，而且能做到准确无误地弹出来，只是给人的感觉，就有天壤之别了。就像灯光师很多，如果要求"给我在这儿打一片光"，灯光师们都会做，但如果要求"打出一片柔和的光"，恐怕没几个灯光师能达标。

"工作不爽"的原因有很多，除了"受不了公司的要求""做的事情太简单"，

还有"工作要求太高，困难太多"……

我有个初中同学，毕了业就去美国念高中，后来一直读到博士，迫于就业压力又做了博士后，出来后签了一家知名的大公司，想积累点儿研究经验，再回去做研究。

结果工作起来，现实和跟他的理想差很多。让他做的，都是些无关紧要的"杂活"，他心里不满意，手上开始应付了事。混了两年，他既没能回学校继续研究，又没在大公司站住脚。

迫不得已凭借博士的头衔，他换了家小公司，做起了股票经纪人，过了新鲜劲后，又觉得自己一个堂堂博士生，放弃了本专业，去跟其他人站在完全相同的起跑线打工养家，太过难堪，又稀里糊涂地干起了房产中介。

一手好牌被他打得稀烂，他现在还在跟我说："当初真不该脑子一热去创业，踏踏实实地在股票这一行努力一下其实也挺好的。"当然我知道，归根结底还是他做事的态度有问题。

无论是上班还是创业，最基本的专业精神，就体现在：一件事，无论是自己选的，还是不得不做的，一旦做了，都要尽力做好，单纯地拿兴趣和爱好当借口的，不是岁数还小，就是太过理想主义；如果一个人做事，连一份基本工作都没办法胜任，只要他别去创业，就算避过一劫。

还有的人，为了钱而创业。

猛地一听，这有什么问题吗？创业致富这个逻辑总对吧？确实对，但财富只是创业的目的之一，而且不能成为唯一，甚至不应该是主要目的。如果只是为了钱，那请一定要去上班。创业赚钱是多，但是抱着"冲着钱去"这种想法，恐怕看不到那一天。

分析一下，如果为了钱去创业，而不是带着使命感做事，那么有了钱也是为了享受生活。无论是想环游世界还是买房买车，说白了是为了满足内心的舒适感。从这个角度来讲，人一旦开始创业，就意味着要面对源源不断的麻烦和问题，按照"付出三分，收获一分"的基本规律，这肯定是个赔本买卖。

最恐怖的创业理由，是"为了创业而创业"。

我接触过一位程序员，因为想着创业的事情，跟家里人吵了无数次。他的本职工作是在一家金融公司做数据可视化，但是只要有时间，他就要投入他的"创业大计"：写小说。

我看过他的"作品"，可以说，连满足劳苦大众做白日梦的功能都没有，还不如网络小说。可他偏偏相信，自己可以一夜成名，还把身边人的不理解，当作"创业路上的孤独"。

我问他为什么创业，还选择写小说这种方式。他说："人要是一辈子给别人打工，多没出息啊！我想了想，自己最突出的，可能也就是文学才华了吧。"

我们经常说，方向对了，哪怕慢一点都行。最怕一个人为了创业，凭空给社会想象出一个需求，然后开始盲目努力，最后草草收场。

基于"物质享受""工作压力"甚至"创业"这两个字本身，就嚷嚷着"下海"的人，是因为看不清创业的真相。

2.7.2 创业其实是少数人的游戏

先来说创业的准备。

需要准备的太多了，一个没有任何"二代"背景的程序员，想要开一家真正的公司，而不是能接很多私活的"大作坊"，最起码要准备好 3 把钥匙。

1. 人力资源。

这是相对而言最容易准备的一项。一个人不可能方方面面都专业，我见过不少整个团队都是程序员的公司，有好处，沟通起来比较方便，但劣势更大：涉及商业谈判、股权架构、融资计划、市场渠道等，程序员就力不从心了。我见过几个合伙人，为了运营的事情吵得不可开交，更要命的是，他们每个人的方案都不够专业。

从大学开始，我就不断地做着各种"小生意"，深知哪怕是一件小事（比如卖月饼或者建网站），想要面面俱到，只靠一个人很难。好在成长的过程中，我认识了很多朋友，自己身边没有这方面的人，朋友的朋友兴许就很了解。

在这个时代，对于创业者来说，千万别看着什么热闹，就要挤进去搞一把，还坚持"什么事都要自己做"。创业者更应该想办法找到自己的定位，在资源置换的前提下，利用好别人的资源，如果什么都靠自己原创，从 0 到 1，业绩肯定好不到哪里去。

2. 把事情做成的心态。

如果打算创业，方向确定了，最重要的就变成了"把事情做成的心态"。我当初找方向就花了很长时间，当把方向定在"程序员发展咨询"之后，公司里有老师问我："要是这块业务做不起来，怎么办？"

我先是一愣，然后苦笑着说："那就想办法做起来呗！"

之所以说待在舒适圈的人不适合创业，原因就在于他们有"躲避麻烦"的心态，而想把事情做成，肯定有一堆麻烦在路上。过于注重内心感受的人，做选择的时候，肯定是把舒适放在目标前面，或者干脆把两者融合到一起。

3. 对于行业的认知。

有种说法是：35 岁到 45 岁的程序员最适合创业，因为他们体力还在，经验也积累够了。这有一定道理，但是一个人适不适合创业，要看他对行业的认知，见识和年龄与创业没有必然联系。

之前有一个同事，辞职创业，选择的方向竟然是"做网站"。我问他："价格是怎么算的呢？"他说："一个项目 3 个月的时间，收费 2 万元。"我找了家专业外包，一打听，一样的项目，4000 元，2 个星期之内搞定。

有的人创业失败，与同行的技术差距是一方面因素，更重要的是，创业之前，他竟然没有分析同行的竞品，目光局限在身边的人，感觉自己还不赖，等花钱租了场地，搞了装修，请了人，才发现接不到订单，白白浪费了时间和金钱。归根结底他还是对这个行业不了解。

即便 100 个人里，有 10 个人准备好了，也不见得有 1 个人适合创业。

所谓适合，就是现实条件允许，职业基因配套。

如果家境一般，多数程序员要解决的是生计问题。相比于创业，规划好自己的职业生涯显得更靠谱。一个家庭，男人"瞎折腾"浪费掉的钱，不比女人买衣服和化妆品花掉的少。我的一位大学同学，毕了业，进入一家"一线大厂"，原本可以走得稳一些，但他在工作中错过了一次升职，一气之下，就出来创业。

折腾了几年，他终于在北京房租的又一波上涨中，带着老婆回老家生孩子了。

现实条件不允许的话，不妨一边打工一边积累资本。根据我的了解，大部分初创项目，最缺的，往往还真的不是钱。

一旦开始创业，就意味着在商言商，许多追求自由、不习惯被时间追着跑的人，自然就不适合这个行当，跟能力高低没关系。很多人在大公司、大平台上，做得照样很好，其实好的性格起了很大作用。

我们之前的 CTO，跟大客户聊产品，有些客户说："我不喜欢按照你这种思路来理解。"我们的 CTO 也是非常有性格："我就喜欢这么跟别人讲。"还是那句话，性格使然。幸亏他没有去创业的念头，否则按这样的脾气，失败是迟早的事情。

对于做足了准备并且性格适合创业的人，创业才是捷径。

2.7.3 关于创业的思考

我发现很多人对"创业"充满了误解，以为创业就是自己开公司，然后想办法上市。

谷歌的董事长只有一位，但是很多人凭借原始股，也实现了财务自由。小米上市的时候，很多只占 1% 股份的股东，也都变成了亿万富翁。是跟其他人分享，把蛋糕做大，还是搂着一个"小迷你蛋糕"，拼命护着整个盘子？怎么选，是智慧。

如果只有上市公司的董事长才配谈事业的话，全世界没几个人算得上"事业有成"。创业的那个"业"，指的是事业，而不是 100% 的公司，把自己的价值做到最大，即便给别人打工又怎样呢？

总的来说，互联网行业是创业的"高发区域"。我接触过这么多的学员，没有一点创业想法的很少，尤其是在北京这样的城市，谁都会抬头仰望附近的高楼，想象着总有一天，等自己开着公司，也去租一栋。

创业，对于大多数人来说不是捷径，是弯路，这个"大多数"，恐怕要占到众人中的 95%，甚至更多。如果看完这些，你能一门心思踏实上班，虽然不会暴富，但也不至于犯下大错；但如果心里依然有想法，就要努力拿出更多的证据，证明自己属于那 5%。

2.8 程序员最大的坑，是路边的风景

有时候，没选择，也是件好事。

大二那年，我跟同学约好，骑车去韶山。那个时候我生了一场病，刚好，急着想出去走走，心想：从长沙到韶山，也就一百多公里，问题不大。几个二十多岁的小伙子，从学校出发的时候，还一路唱着歌，刚出市区，人就蔫了。

最难受的那个时间点，是中午。我们找了家小饭馆，因为走的是省道，方圆几公里就这一家，没办法，有什么点什么。最让人难受的是，大家都累得够呛，路坑洼不平，上坡也多，骑着比走着都累。

当时我们头脑一热就出发了，完全没想过"骑不完全程"该怎么办，那时候还没有导航，我们直接在地图上一搜，只拿着铅笔画了个路线。到当天才知道，路两边都荒无人烟，说实在的，但凡有点儿办法，我们几个都不想再骑下去了，可路上来来往往的，只有拉煤的货车。

当时的情况是：往前也是 50 公里，往后也是 50 公里，大家都恨自己为什么骑到这么一个尴尬的位置。索性心一横，接着往前走吧。

因为没有其他选择，反而骑到了终点。

我常常想，如果当时旁边有旅馆，或者出租车，我们肯定就半途而废了。

后来类似的事情还有很多，比如第一次登台演讲，第一次做专业咨询，甚至第一次跟别人谈判。如果有其他选择，我会一直待在舒适区不出来，恰恰我的合伙人告诉我："这事儿就你办最合适，你不上台我们就把你抬上去，你讲不出来东西，我们就坐在底下看你两小时。"

说到程序员的事业发展之路，路上最大的"坑"，不是路面上的沟沟坎坎，这些其实人但凡有心，都能过去；最大的困难，在于路边的风景太美，太诱惑，太容易让程序员在这条路上走不完全程。

程序员想赚钱，难吗？一点儿都不，不是路不好走，是路太多。

2.8.1 没有选择的"幸福"

我曾经心血来潮，总结了程序员除了领工资之外，还有哪些来钱的渠道。我拿见过的例子，大概数了数，就有超过 10 种以上的方法。哪条路走好了，都能小有成就。

我有很多学长，加入一些大厂的时间很早，虽然比不上公司的创始人，也算是头一批元老了，但是后来的发展，很多不如一位后来进去的人——老郑。

论天资，老郑绝对不是我那些学长的对手。用周围人的话来说，他是一个太"平庸"的人，没什么新奇的点子或思路，充其量能把领导交代的任务完成。

在我那些学长都心有不平，纷纷另择明主的时候，老郑还是敲着被分配的项目代码，这么十几年下来，老郑一步一步地走到了很高的位置。但是聚会聊天，谈起来他，很多人还是一致认为：老郑就是人踏实一点，没什么别的本事。

我跟老郑聊过一次，问他："郑哥，你怎么坚持下来的？"他想了想，说了几句实在话："我也年轻过，看着别人单位待遇更好，谁不想去啊！你嫂子当时刚生完孩子，老人身体也不太好，我就不敢折腾了，没办法啊！"

这让我想起来前几天跟同事闲聊，讨论为什么从艰苦环境拼出来的孩子，进到大公司就任劳任怨，做事用心还踏实。

我同事深有感触："我就是从村里边出来的，高中还复习了 2 年，相当于高三上了 3 遍，考不上大学就得回去种地。最后一次高考的时候我就想，要是这次再考不上，我就再复习，倒不是多有恒心，就是真不想回去种地了，没办法……"

2.8.2 没有选择的幸福，原理是什么

有学生问我："老师，你总说要选一条路一直走下去，万一选错了，选了一条绝路呢？"

我说："一个人见识只要在正常水平，就很难选出来一条绝路。互联网本身就是个朝阳产业，只要别一门心思地研究 flash 就行，退一步讲，趋势也不是一两天就能变的。"

之所以要在一条路上坚持，而不是一会儿搞前端，一会儿弄后台；一会儿学算法，一会儿看函数，主要是下面几个原因。

1. 有利于把个人品牌打出去。

如果有一天娃哈哈去做手机，华为去做饮品，可能多数人都不会理解。老是换路的人，别人就算有机会，也帮不上忙。

今天你告诉身边的朋友，自己在学前端，2 年之后，人家打电话说"这边有个活"或者"有个岗位挺适合你的"，结果你说："我呀，早不干前端了，现在做设计呢！"又过了 2 年，你朋友说有人想请你做个封面，你说："不好意思啊，我现在在学数据。"

要知道，就算是一家公司，最开始一段时间都要赔本赚吆喝，不然别人都不知道你，还谈什么利润。一件事做 10 年，稍微用点儿心，就不会太差。身边的朋友看你今年在做，明年还在做，十几年了一直在做，就觉得你干得很好，也有恒心，靠谱。

2. 能走完一个完整的周期。

生意人有句口头禅：一年学个庄稼汉，十年学做生意人。

这一方面反映出，创业的投入很多，但更重要的，是做事必须经过一个完整的周期。一个人经历了春夏秋冬，自然就知道该怎么种庄稼，但是一个人想要把事情做好，需要经历过各种情况。

问题不会排着队、分阶段来报到，现实情况是：坚持了好几个月，才能遇到一个挑战，解决了问题，才能成长一点。

唯一能做的，就是选一条路坚持走下去，只要时间足够长，酸甜苦辣都能尝到，从而加深对行业的认识。

曾经有位程序员，跟着我做了一个项目，学了点儿基础知识，能看得懂一般插件和函数，就自认为什么难题都不在话下，结果出去了就开始给我打电话诉苦。如果他在行业待的时间足够长，就会遇见各种"项目疑难杂症"，就不会有这样浮躁的心态。

有位朋友在北京做房产中介，快 8 年了，现在跟几个合伙人成立了个小公司，我问他："这个行业，你怎么看？"他笑了笑："别闹了行不行，我才干几年啊！到现在还觉得很多事情不懂，好些事儿弄不明白呢！"

3. 不会重复地跨门槛。

隔行如隔山，习惯了不断做选择的人，大概一辈子都在选，希望选出来一条更好的路。

有位朋友原本做着糕点生意，比上不足比下有余，前两年听人说养鸭子赚钱，自己就投了几万元，血本无归；后来又听说种核桃赚钱，包了 20 亩地，又亏了钱。这几年老实了，踏踏实实地做老本行，日子过得也不错。

如果一个行业利润高，又看似没门槛，只有两种情况：要么是随着大部分人挤进来，利润越来越低；要么是它其实是有门槛的，只是你不知道。

这个朋友后来跟我讲，今年核桃卖得不错，坚持到现在的，都赚了钱。留到现在的人，才算是真正地跨过了门槛。

2.8.3 如何避免职业路上最大的坑

如果让我总结，很简单：别给自己太多的选择。

老子在《道德经》中讲：少则得，多则惑。

崇尚自由的人，往往不喜欢"限制"这个词，但必要的限制，能阻挡预测带来的迷茫、选择带来的焦虑。

选择了开发，就不要再去想销售的事情；选择了前端，就别再去凑人工智能的热闹。从确定方向到确定具体的一条路，是一个人从业范围慢慢变小、能力越来越专业的过程，而不是十几年下来，成为销售、运营、市场、研发都能做，但都做不好的"全栈普通人"。

同一件事，专业的人做起来效果就是好。很多人往往一听赚钱，就按捺不住，凡事都想尝试一把，结果自然不理想。被现实"扇了一巴掌"，不应该留下一句"童话里都是骗人的"，就拍拍屁股走人，而应该想着，怎么把自己变得更专业。

有的程序员在职业发展的路上，遇到困难，把困难解决了；更多的人，换了一条路，被困难"解决"了。

虽然条条大路通罗马，但是一个人的职业生涯时间有限，若能力一般，最保险的做法，就是选一条，盯着前面的路走，不理会路边的风景。

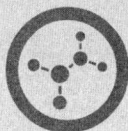

第 3 章
7 个要点帮你找到好工作

3.1 好工作，长什么样子

由于工作的原因，我经常跟互联网公司打交道。每到跳槽高峰期，就有人托我介绍工作，我一般会这么问："想找份什么样的工作啊？"

这几年牵线搭桥，我发现了一个规律，每个人的目标都是找一份"好工作"，但所谓的"好工作"到底长什么样，抛开对错不说，没几个人能说清楚。

二十多岁的小伙儿谈恋爱，跟六十多岁的老头找老伴，好坏的标准肯定不一样，原因是阶段不一样，侧重点不同。毕业之后的 3 ～ 5 年，属于职业生涯的"积累期"。

这个积累，指的不是财富，况且一个刚毕业的大学生，年薪能达到 30 万，就算了不起了。没人能靠最开始这 5 年，积累出领先他人一辈子的财富，但有的人能靠这段时间积累的能力，奠定未来的发展。公司开出来的工资、股票、职位、福利等，都是能力的衍生品，一个人的本事，才是通用货币。

从这个角度看，牢牢把握住"能力提升"这个主题，就不会走太多冤枉路，考虑太多外在的东西，会平添额外的负担，徒增烦恼。

这个阶段，一份好工作，意味着客观上要达到下面的 4 个标准。

3.1.1 好工作，提供的一定是好项目

评价一家公司，可以看它的规模、利润率甚至社会贡献、企业文化，但站在个人发展角度，就要看它能不能提供"好项目"。好项目不是指多劳多得，也不是项目提成高、福利待遇好，而是这个项目用到了新技术，让你能解决更多问题。

很多学生找我聊，他们想在业余时间给自己"充充电"，虽然看完视频学了一堆知识点，但由于没有经历过实战，面试的时候心里都发虚。曾经有一个学生告诉我："老师，明年我一定要用 Vue，实实在在敲一个项目。"一年之后，我问他学得怎么样，他说："公司那么多活，老加班，忙不过来，就算了。"

倒是有坚持自学的学生。结果呢，挤时间学的东西，公司项目用不上，没有实战检验，对知识的理解也半生不熟。时间久了，他忘了个干净，跟没学一样，还在原地打转。

假如公司的项目，本身就要用到自己要学的技术，是不是一举两得？

除此之外，好的项目，代表着高要求。它用截止日期，逼着你想办法提高效率；用项目需求，逼着你提高解决问题的能力；用验收标准，逼着你写出最简洁的代码。如果靠自己严格要求，恐怕比戒烟还难。

3.1.2 好工作，意味着好平台

平台的好坏，看它的制度，能把人往哪个方向引导，能提供什么助力。

程序员靠技术吃饭。好平台，一定有足够的技术沉淀，像阿里巴巴这样的一线互联网公司，都有自己的"技术藏经阁"。这些公司里的人，处理的很多问题没必要从零开始研究，因为已经有了成熟的解决方案。进来的人站在巨人的肩膀上，在照着做的基础上创新就行。然而外边的人连听都没听过这样的技术，这种差距在时间的作用下，不是每个月多几千元的工资能弥补的。

3.1.3 好工作，意味着好环境

古时候，齐威王跟魏惠王比宝贝，就意识到"最宝贵的是人才"。所有的事

情，归根结底是人在做，一个公司最美的风景，也一定由人来创造。

学具体的技术，看视频就行，想了解深层次的计算机思维和做事的逻辑，"大活人"才是最宝贵的教科书。有些理念，光靠代码太难传达；操作的时候有具体问题，代码和视频也没办法跳出来给予指导，人很容易一卡卡好几天。

除此之外，一个人如果接触不到优秀的同行，就很容易坐在一口破井里仰望天空，看着身边的人安慰自己："他们水平也就这样，我还行……"

还有很多在外包公司待惯了的程序员，以"野路子"自居，还挺自豪。小到代码不规范、不简洁，只有自己能看懂，大到不知道怎么跟别人协作，以及怎么跟下属沟通，这些都是受早期环境影响的结果。

3.1.4 不同的人，"好工作"也有不同的"好法"

一份工作，在其他人看起来如何，并不重要，最关键的是这份工作对自己来说，是好是坏。

我的一位大学同学，毕业之后就进了一线大厂，现在管着 10 个人的团队，去年还拿到了 6 位数的年终奖和股票。身边很多人都羡慕他，但是他前几天给我打电话："要不是想着还有爸妈，我都想辞职不干了……"

还有很多人，把好工作放在了单一维度来衡量。

有位宝妈找到我，说："老师，你看我这样的情况，能不能找一份月薪 15000 元的工作啊？"

我说："除了薪资这一项，对工作，你还有没有其他的要求啊？"

她说："没有了，只要让我拿到 15000 元的月薪就行。"

我说："一定是有，你好好想想这个问题，标准定不下来，就算找着工作，你也很难满意，这事儿最难的倒不是执行，而是定下取舍的标准。"

她说："我确实没有了，薪资以外的东西，正常水平就行。"

后来她去了一家各方面都还不错的公司，但是干了不到一个月，就主动辞职了，原因很简单：那家公司正处于创业期，她没有足够的时间照顾两个孩子。

好工作一定像一盘色香味俱全的菜，讲究的是营养均衡。单纯地以"这道菜有没有维生素 C"来判断它是不是盘好菜，太绝对。可偏偏有很多程序员，就喜欢用单一维度来思考：

月薪 2 万元以上的就是好工作，2 万元以下就不行；

一线大公司就是好工作，剩下的就是"小作坊"；

工作强度小、自由时间多就是好工作，"996"的就是不行……

具体到个人，可以从意义和快乐这两个方面综合考虑。

事业其实是这两种因素的综合体。看电影、打游戏能让我们很快乐，但玩几天行，时间长了，就是无尽的空虚。我们之前的一位前台姑娘，在家里玩了 3 年游戏，《甄嬛传》看了 80 多遍，人都变得抑郁了……

为公司的上市奋斗，固然有意义，但生活中就只有这一件事，时间长了又很难坚持。

说得主观点儿，对于个人来讲，"好工作"像登山，既不能在山底下漫无目的地转悠，也不该一刻不停地往山顶爬，而是爬一会儿，歇一会儿，既能朝着一个有意义的目标前进，又能欣赏沿途的风景。

1. 做事的意义。

曾经有一位来咨询的客户，学习的时候，总是完不成我布置下去的作业。我问他原因，刚开始他还说"平时加班多、时间紧""照顾家里，事情比较多"，聊着聊着，他才说出了心里话："每天学这么多东西，工作干起来还是费劲，学的这些东西有什么用？"

长时间做没有意义的事情，再努力的人，也没办法说服自己坚持。这里的意义，完全由个人定义。积极心理学家阿尔弗雷德·阿德勒在其著作《自卑与超越》中说："人们都活在自己的意义当中。"

能从手头上的活儿发现其意义所在，它就是一份好工作，哪怕它的意义是养家糊口。

2. 有关职业兴趣。

说到兴趣，很多人都有个误区：感兴趣的工作，靠自己的兴趣就能提供所有动力，有兴趣的事，一天干 16 小时，也不会腻。

之所以把某些工作叫职业兴趣，是为了区别"玩玩而已"。偶尔打打篮球，和靠这个行当吃饭，付出的精力不在一个数量级。很多程序员对于兴趣的理解，还保留在童年："我就是单纯地感兴趣，了解了解。"

一个人如果一直抱着这种想法，而不是本着解决问题的态度，他的水平恐怕也就停于"了解"的层次。兴趣有利于带来事业的启动，想做得长久，还需要其他的力量。

无论对一个行业的兴趣有多大，也会出现职业倦怠。我问一个大厂里的技术经理："整天敲这些东西，不觉得烦吗？"他倒是挺实在："天天干也烦啊，你再喜欢吃的菜，连着吃一个月，顿顿吃，不得腻啊！"我说："每次看你敲代码，自己干得挺嗨啊！"他笑了笑："你不会自己调整啊？有时间就游个泳、打打球。"

一份完美的工作，能给你提供好项目、好平台、好环境，还让你干起来觉得意义非凡，并且想到它，你有最基本的职业兴趣，毫无疑问这是理想状态。一份现实工作，以上 4 条里能满足 3 条，也是可以接受的，毕竟一步到位的事情很少。

如果你当前的工作，在这 4 条当中，一条也不占，那你就在保证自己饿不死的前提下，尽快换一份吧！毕竟在错误的道路上停下来，也是一种进步。

3.2 程序员的简历之"伤"

说到"找工作、投简历"，线下讲课的时候我问过这样的问题："大家的简历，都是怎么做的？"

立刻有人回答："网上找个模板，套一下。"

我接着问："你们认为写简历最重要的是什么？"

很多人回答："模板一定要漂亮。"

还有不少程序员坚持认为"程序员靠技术吃饭，简历什么的，就是一个形式"。但关键是，形式和实力并不矛盾，好好准备一份简历，又不需要每天都抽出两小时来研究。

一个学生辞职之后约我咨询，说："老师，我投了那么多家公司，只有 2 家小公司通知我去面试，您说我这到底是怎么回事儿啊？是技术不过关吗？"

他的水平我了解，市面上拿 18000 ～ 20000 元的月薪还是不成问题的，不应该是这个局面。我说："把你简历拿来我看看"。

一看吓了我一跳：一个 Word 文档，连照片都没有，工作履历那一栏倒写了不少，但把重复的部分去掉，仔细一看就是流水账。简历中无关紧要的东西写了一大堆，连爱好旅游和炒菜都写上了，但从头到尾也没注明自己的期望薪资。

看到这儿我真的很好奇，通知他去面试的那两家小公司，是有多小、多缺人。

大部分程序员倒没这么极端，在他们看来，做一份好简历，依然是雕虫小技，可偏偏很多技术水平不错的程序员，没找到理想的工作，问题就出在这里。

3.2.1　简历的本质

为什么会有简历这个东西？很简单，公司不可能让每个感兴趣的人，都来面试，需要通过简历判断让谁来。

其实，简历就是一个菜单。商场的餐厅门口经常会有一个大菜单，让来来往往的人简单了解这家餐厅卖的什么菜、价格怎么样，从而决定自己要不要在这儿吃。

3.2.2　简历到底该怎么写

1. 标题的写法。

网上的模板，标题一般是"×××求职简历"，或者干脆就是"简历"两个大字。用的人多了，大家也没觉得有什么不对劲。

其实，写简历就如同写公众号软文。大部分软文的第一段是一句话，读者会根据这第一句话判断要不要读下去。现在竞争越来越激烈，很多编辑为了尽快把文章价值展现出来，又把标题改成了一句话，生怕抓不住读者的心。

HR 每天要浏览好几百份简历，如果我们能把自己的名字、求职岗位以及自身特点（一个词足够）列在标题里，让浏览简历的人一下子就能把握重点，这样的简历很难不让人喜欢。所以标题可以这么写：

"张三—前端工程师—5 年行业经验"。

2. 个人信息。

个人信息这一块，内容很简单，写上姓名、性别、年龄、联系方式、教育背景和居住地等，有这些就够了；如果应聘国企的话，需要再补上政治面貌和籍贯。注意这里的联系方式，手机号码和工作邮箱都要有，最好再加上微信或者博客（有技术博客更占优势）。

毕竟什么事都让公司给你打电话，也不现实。

3. 工作经历。

这是简历的重头戏，HR 也会重点关注。

工作经历，该写点什么？

其实工作经历，用什么模板、用什么字体、几号字等，这些是技巧方面的东西。最重要的，还是内容。

简历的本质，或者说它的最终目的，是帮你争取到面试的机会。你和其他人的竞争，从简历投递就已经开始了，决定最终结果的，是看简历的人，即公司 HR 或者技术经理。所以要本着用户思维，换位思考，想想 HR 每天要看那么多的简历，他想看到的、喜欢的，是哪种类型呢？

这就涉及简历该写点儿什么的核心秘诀，很简单，就 8 个字：

取舍有度，详略得当。

写文章，必须有一个主题，就如同拍电视，必须要有主线。一部电视剧，主人公就 10 句台词，那肯定不对。

公司让你代表整个团队总结一下解决技术难题的成功经验，结果你光说自己的童年经历就用了 1 小时，肯定会让别人觉得你主次不分，没有重点。

刚才我们说，要本着用户思维，HR 想看什么，咱们就着重写什么，写作要点如下。

1. 有大量有用的信息。

你想他每天看那么多简历，肯定是一目十行。对于那些看了半天，还找不到重点的简历，怎么办呢？

那就不看了呗，手里又不缺这一份。有的程序员写工作履历，就像跟 HR 有仇一样，把有用的信息混在一堆可有可无的内容当中，HR 想了解必要信息，还得从里边挑。那种一张 A4 纸塞得满满当当、一段话占半张纸的简历，看着容易让人烦躁。

对于 HR，他想了解的内容主要有以下 3 点：

- 你待过几家公司？分别就任什么岗位？
- 曾经解决过什么问题？取得过什么成绩？
- 你的能力如何？怎么通过之前的经历证明？

大家在自己的简历中，要把这些要点用比较醒目的方式表现出来，这才是简历的主旋律。HR 也能节省不少时间，自然而然地会对你的简历"刮目相看"。其他的东西，一笔带过就行。这就是详略得当。

职场是一个公平交易的地方，跟自身价值、公司发展没太大关系的内容，尽量不要出现在简历中。这就是"取舍有度"。

2. 注重工作经历的表现形式。

当确定工作经历写什么，哪些是重点之后，还有一点非常关键，就是表现形式。写简历必须以一种低调又恰当的方式，把自己的价值尽可能地表达出来。

　　说白了，就是要让 HR 在看完简历之后，心中产生这样的想法：这是个人才，我必须想办法把他留下来。具体怎么做呢？

1. 要让 HR 感觉到你的价值。

　　你的价值是基础，而简历是表现形式，HR 只能凭自身经验来判断你"价值几何"。

　　对于工作经历，应该采取一种更具体的写法，也就是想说明一件事的时候，想清楚怎么把问题说得更具体。

　　比如你打算在简历里写"有较强的网站优化能力"。

　　这没办法让人产生什么感觉，那么就问自己："怎么个强法呢？"于是可以换一个写法：公司之前的项目，覆盖 200 个城市。我把文件缩小了 10KB，节省了大量的服务器带宽，直接为公司每个月节省了十几万元的服务器费用，并且将网站的打开时间，从最开始的 2s 缩短为后来的 50ms，提升了用户体验，用户月访问量增加了 20%。

　　这么一说，连一个外行也能隐约感受到你的能力。你的价值彰显得如此清楚，自然会给 HR 留下深刻的印象。

2. 要有表达上的留白。

　　除了具体这两个字，委婉地留白也是简历中非常重要的表达技巧。

　　具体怎么做呢？大家记住一句话：**摆事实，但不讲道理。**

　　说白了，就是把客观的事实，按照一定的逻辑和条理呈现给 HR，而不去说一些比较主观的判定。只提供客观的事实，让对方得出有利于自己的评价。

　　这一点小说家利用得最好，我们看大仲马的《基督山伯爵》，就会有这样一种感觉"主人公的经历好惨啊！"注意，作者可没有在小说里直接写：艾德蒙这个人好惨啊！他太惨了！

　　所以我们写简历的时候，也千万不要说太多自己的观点，只摆事实，不讲道理，这才是高明的做法。否则在简历中一直说"我很厉害、我特别厉害"，没什么用，就算你是真有水平，这么做也会让别人反感。

3. 要交付确定性，让别人觉得靠谱。

大部分人对于没准儿的事是非常讨厌的，所以那些做事靠谱的人，都是能让别人感受到"确定"的人。别人在介绍你的时候，都会说："这事啊，交给他，准没错。"

同样，HR 在招人的时候，也得承担风险。如果招上来的人没办法满足公司的要求，他的日子也不好过。上周有位 HR 朋友约我喝茶，我到的时候他正在看一份简历，他指着上面告诉我："这简历写的，吹得是挺厉害，但是一点证据都没有，我凭什么相信他说的是真的啊？"

哪些东西能帮助我们证明呢？

过往的经历、自己做过的开源项目、做出过的成绩，甚至你的学历等。

用这些东西证明什么呢？

大家会说，还能是什么，肯定是技术能力呗！

错了！不只是技术能力，而是把但凡能展现能力的，都要摆上去。

学习能力也是一种能力。把在工作当中，通过自己学习所提高的能力，清晰地展示出来，比如我刚参加工作的时候，对于某一块业务还一无所知，经过多长时间，就具备了怎样的能力。

很多水平不错的程序员，就是因为简历写得差，所以找不到理想的工作，这很可惜。但是大部分人却把这归为"运气不好"，这样的"坏运气"，基本上是"人祸"，而不是"天灾"。有些小事用点儿心，收益无限，比如写一份好简历，投出去，就会带回来一个机会。

要做的，只不过是用 2 小时的时间去准备而已。

3.3 面试中，那些价值过万的问题

程序员很多醉心于技术，对于面试中的套路问题，并没有花太多时间去了解。

偏偏在求职面试的时候，如果一个问题没回答好，在薪资待遇上一年就能比其他人少好多。曾经有学生问我："老师，真差那么多吗？"我给他算了一笔账："不说一线互联网企业，稍微上点儿规模的企业，晋升制度都很完善，说白了面试当中有问题没回答好，给你定低一级，很正常吧？"

一个级别的差距反映在工资单上，一个月 3000 元不算多，一年就能积累到 3 万多，还不算年终奖和股票，更重要的是未来的发展。我有学生在大厂里面试别人，招进来的人工资都比他高，这事儿常有，行话叫"薪酬倒挂"。

面试的过程说白了，就是谈判。虽说是谈判，但是很多程序员"一谈就死"："我就这样，你看行不行吧，行我就入职，不行就拉倒。"

真正的谈判，决定权在双方，而且最终的结果是"谈"出来的。这就好比相亲，两个人从见面开始，聊天互相了解，一起约会，最后谈婚论嫁，总不能上来就是一句："我就这样，你就说愿不愿意跟我领证吧！"

黑是黑，白是白，在敲代码的时候确实该这样，但是千万别把这种作风带到面试中。不是所有的问题都能用"if else"来解决的。

面试过程中，HR 问的问题千变万化。涉及技术层面的，咱们不说，因为那不是一时半会儿能变的；技术以外的，形式上千变万化，归一归类，其实没多少套路，只要避开几个要命的坑，就不会有太糟糕的结果。

下面按顺序一个一个说。

3.3.1 "谈谈你从上一家公司离职的原因"

面试一般从自我介绍开始，然后 HR 顺着简历，延伸出来一些常规问题，比如聊聊在之前工作中的收获、遇到的困难等，这些都是老生常谈了，咱们不再说了。

HR 如果问："为什么在上一家公司离职？"大部分程序员虽然面试经验不足，

但是也知道不能在新东家面前说老东家的坏话，可做到这一点，还是远远不够。

换个场景大家就容易理解了，如果你的女朋友问你："为什么跟前任分手啊？"稍微有点情商的男人，绝对不会说前任的坏话。同时咱们透过现象看本质，之所以问这个问题，恐怕不是因为她对你的前任有多好奇，而是关心你们俩的未来，会不会因为同样的原因，重蹈覆辙。

说回面试，被问到"为什么从上一家单位离职"，一定要说一些所应聘公司不可能存在的因素。假如你从一个小公司往大公司跳，你可以说之前的公司工作流程不够明晰，没有确定的协作机制，这样 HR 才会心里有数：我们公司规模大且流程完整，这个问题在我们这儿根本不存在！

在这儿还有一个小细节，就是尽量不要说太具体、太主观的因素。让 HR 大概明白意思，又是客观事实，这样最好。如果你说："从上一家公司出来，是因为工作太辛苦，人际关系太复杂，公司不重视人才……"

听这话的人，首先不能确定你所说的真实性，哪怕你说的是真的，人家也会想：万一哪天你觉得我们公司人际关系混乱了、工作量大了，那可怎么办？

假如你说得太具体，比如在之前的公司，某一天的下午，你和谁一起处理了一件什么事……HR 可能会觉得你因为几件小事就走人，不够大气。此外你说得越多，细节越详细，就越容易被人家挑刺。如果你对面正好是个技术"大牛"，对你说的问题，突然来一句："这个问题，假如这样处理会不会更好……"

这就是自己给自己挖坑了。

3.3.2 "说说你的缺点"

这个问题比较刁钻。第一次遇到这样的问题，很多程序员往往过于实在，老老实实地就"招了"，还特别自信地表示："咱就这么坦诚，找工作嘛！肯定要拿出来诚意啊！"

有程序员说了："老师，人家让说缺点嘛，我总不能说没有吧？"

事实是不可改变的，但是从不同人的嘴里说出来，感觉就完全不一样了。所谓会说话，就是既能表达清楚自己的意思，又不伤害别人脸面。HR 让我们说说自己的缺点，自然也要达到"双标准"。

回答这个问题的时候，大家千万别自作聪明，把优点故意说成缺点。有的程序员在面试的时候，不经意地来一句："我的缺点，就是太追求完美。做起事来过于专注。"任何人都能听明白你这是王婆卖瓜，自卖自夸，这种回答很不得当。

该说哪一种"缺点"呢？其实就是生活中的"缺点"，工作中的"优点"。因为公司关注的，是你在工作当中的表现，离开工位之后的事情，跟公司关系也不大。

比如可以说："我这个人就是受较真，有时候说话比较直。"在平时生活中，这也许算是缺点，但作为一个程序员，较真、沟通简单，反而成了不可或缺的积极因素。

3.3.3 "你还有什么要问的"

面试到了最后，面试官如果问你这个问题，至少说明他对你有兴趣。我曾经跟一位资深 HR 聊过，问这个问题的目的是什么，他说："那要看坐在对面的，是什么人。"

"要真是个人才，我想问清楚他们到底关心公司的哪些方面，以后我们招人的时候，写招聘启事好歹也有个侧重点；如果对面的人素质一般，问的问题也蠢，直接淘汰就行了。"

我很好奇："在你看来，什么算是比较'蠢'的问题啊？"

他说："有的人从第一环节到最后一个环节，一直盯着公司的福利待遇，纠缠个没完没了，就算他硬件达标，恐怕以后的发展空间也就那样了。有的人问我们公司有没有其他岗位，你说这人还没进来呢，就开始吃着碗里的，瞧着锅里的。通过这一个问题，我就能看出来他对自己的定位不准、不清。"

我说："你遇到过的最"奇葩"的问题是什么？是不是问有多长时间的带薪年假？"

他说："这可不算最'奇葩'的。有的人到了最后环节，竟然问我公司未来十年的规划。这问题我可一时半会儿说不清楚。再说他应聘的是基础岗，又不是CEO，又不是来搞收购的……"

HR 让应聘者问问题，实际上还是在借着这一环节来考察应聘者。有的程序员觉得前面的大风大浪都过了，现在终于轮到自己提问，就松了一口气；更有甚者以为面试进入到这个环节，工作是十拿九稳的事情，回答问题就开始随意了。

作为应聘者，最好问一些跟工作相关的，例如："招我进来，短期内想解决什么问题啊？""关于这个岗位，公司是如何给它做规划的呢？"再或者拉近一下你和 HR 的距离："能不能给我一些关于这个岗位的建议呢？"

面试涉及的问题有很多，有时候往往不经意间随口一问，直接关系到你接下来两三年的工作状态。可以说，每个问题都"价值过万"。

大家在回答问题的时候，千万不能只听表面意思，多想一步，琢磨琢磨人家为什么要问，哪怕一时半会儿想不明白，也能为下一次面试积累经验。谁也抓不住时间，但是有心的人，在时间走过以后，总能留下一些可以保存的东西。

3.4 面试官有多看重你的学历和专业

有学生在微信里给我留言："老师，我要不要去参加成人自考？"

看到之后，我反问他一句："为什么要参加？"

对面马上给我打过来电话，电话那头的他很矛盾："老师，我最近在网上投简历，也面试了几家公司，都是在学历方面被卡住了。不考吧，老是因为这个找不到好工作；考吧，现在工作好忙，没时间弄。要不要辞职，然后报自考啊……"

我问他："你怎么知道自己被学历卡住了？"

他说："人家面试官说的。本来还行，后来一说到学历，看看我学的专业，就让我回去等通知了。那些根本没让我去面试的，八成也是因为学历的问题。专业的话，我就报计算机专业，是不是一下子能解决两个问题啊……"

听完他的话，我让他好好想想："面试官真的在乎你的学历和专业吗？"

3.4.1　学历和专业究竟有多重要

先不管面试的时候 HR 到底有多看重这一块，在职场里打拼，我们看重的是发展，最重要的问题是想要发展成什么样子——是要成为金字塔尖的那 1%，还是有一份体面收入就行？

学历和专业究竟重不重要，就像有人问："读书重要吗？"

大部分人肯定会说："那肯定重要，读书能增长一个人的见识、学习知识、了解大人物的思想……"但假如一个人快饿死了，恐怕当下要做的事，不是去书店，而是找一份工作，赚钱买盒饭。

所以，目标不一样，根本没办法一概而论。单纯地谈有用没用，根本没意义。

学历和专业什么时候重要呢？

如果打算在互联网行业有所作为，甚至朝着科学家的方向发展，或者成为

BAT 的高管，那么《数据结构》和《编译原理》等书就绕不过去，科班出身恐怕都不够格。最好是从小就摆弄电脑，当别人家的孩子还在打篮球、玩游戏的时候，自己就要能敲出 "Hello world"。

什么时候又不重要呢？仅仅追求舒适的生活、事业上小有成就的时候，就不那么重要。

跟朋友聊天，他说："在北京这个地方，在一个细分行业扎下根来，踏踏实实地干 5 年，都能有一份体面的收入。"我问他："你眼中的体面的收入，怎么理解？"他说："就是衣食无忧呗！"

我追问量化标准，他想了想："按现在的钱来算，一年 30 万～ 50 万元吧。"我点了点头。

很多程序员因为"出身问题"甚至"智商问题"问我："老师，我们这些半路出家的人，脑子又不够快，是不是撑死了一年 20 万元啊？"

我一遍又一遍地跟他们讲："这个行业在发展，肯定对你们要求越来越高，但是大多数知识，只要肯学，基本上不存在学不会的情况。你们现在的智商也好，专业也罢，在年薪达到 50 万元以前，别想太多。"

3.4.2　学历和专业，往往是借口

理解了专业和学历真正有多重要，再反过来看面试，就能发现，那些被学历和专业刷下来的人，往往是"摔了个跟头还找不到坑"的人。

确实很多大公司在招人的时候，对学历有限制，对专业有要求，但真正在意这两点的公司，根本不会给不达标的应聘者面试的机会。毕竟简历上白纸黑字地写着客观条件呢。都到了面试环节了，再说是因为这些条件不达标而被刷掉，只能说明学历和专业是个借口。

好比你去相亲，对方的长相和气质不能让你满意，聊过之后你就打算跟他永别，人家追着你问原因，你肯定不能说："你长得很丑。"这时候得说："你很优

秀，是个好人，可惜我对你没感觉……"对方也不会问你为什么没感觉，不来电就是不来电，没有那么多为什么。

在面试时，不管是什么原因，哪怕是因为你说话让人家感到不舒服，都有可能被淘汰。但是既然问起了原因，总不能告诉你："不好意思，我就是看不惯你。"这个时候，学历和专业就成了最好的挡箭牌："不好意思，我们公司对学历这一块有要求……"

作为公司领导，最关心的是下面的人能不能按时交付任务结果，除此之外的一切，都不重要——这"一切"当中，自然包括学历和专业。

有的程序员说了："老师，人家BAT就要求本科生、就要求科班出身啊！"

北京有那么多公司，为什么非要在一棵树上吊死呢？

3.4.3 HR在谈学历、专业的时候，到底在谈什么

很多程序员在面试的时候，总有一种被刁难的感觉，觉得HR就是来"羞辱"自己的。

太关注内心感受的人，往往不容易看清现实。面试的本质就是选拔人才，这也是HR的本职工作。你感受到的刁难，在他看来不过是例行公事、尽忠职守而已。

从根上说，HR也想早点儿为公司招到合适的人，他们也有自己的绩效指标。我见过不少HR每天一想到招人就头疼，那表情跟找不到工作的程序员一模一样。从这一点来看，你和HR没有什么深仇大恨，反而有点儿利益相关。

涉及人才的选拔，HR所有的重心都逃不出以下两点。

（1）确定应聘者是不是人才。

（2）用最低的成本，让应聘者为公司创造价值。

有的HR会在确定招你进来的时候，用学历和专业当谈判的筹码，尽量压低工资。这是在和你谈判，不是对你本人有意见。俗话说得好，"想买的人才会去砍

价"，没有看透这一点，就免不了有对抗的情绪。

除了压低成本的想法，HR 也有可能是借机观察你对自己的技术和能力究竟有多自信。

HR 一般不懂技术，但是他们懂人的心态。

要是一提到专业或学历，应聘者气势上立马弱了，换成你是 HR，会怎么想？

3.4.4　如何应对这个问题

明白了原理，应对起来就容易了。

买东西的时候买家说："你这个东西太贵了，比别人家都贵呢！"

有经验的卖家都会说："东西还不一样呢！一分价钱一分货对不对？"

不要在事实上做过多的纠缠，学历不高就是不高，专业不对口就是不对口，这时候应对的焦点，应该放在**证明自己的价值**上，面试官也肯定希望你这么做。

所以，听懂字面意思，仅仅是最基本的要求，沟通时最重要的还是要听出话外之音。就像女朋友抱怨说："咱们要再不出去走走，就都发霉了！"其实她的意思是：陪我出去走走，行不行？

下一次面试的时候，再听到 HR 问："你的学历可不怎么漂亮啊！"过滤掉消极成分，这时要看透他心里那个真正的声音：

"来吧！给我证明一下你的实力吧，你要是个人才，我们公司肯定不会亏待！"

3.5　占领互联网的细分行业

很多程序员对职业规划有"偏见"。

不少线下找我咨询的学生，一上来就说："老师，您就说我下一步该学点什么吧！"

在他们眼中，程序员靠技术吃饭，规划就是要解决"学点什么"的问题。

我只能一遍遍地解释："事业发展相当于爬山，所谓规划，指的是提前想好要爬哪座山，走哪条路到山顶。至于学什么，那是爬山时候带的手套、帐篷。路都没选好，就开始纠结带几副手套、挑什么颜色的帐篷，纯粹瞎耽误工夫……"

职业规划之所以没办法"批量生产"，是因为每个人的条件不一样，对生活的要求也参差不齐。就算几个人是同一个目标，都要年薪 30 万元，适合的办法也因人而异。

曾经有位朋友问我："规划路径这事儿，有没有一个通用的模板或者总的原则？"我想了想，说："非要说有的话，所有程序员在规划职业路径的时候，都应该占领细分行业。"

他想了想："细分行业，这我知道，我还以为你要说什么新鲜的东西呢……"

听起来这像是一句鸡汤的废话，但我做过这么多咨询，坚信这就是规划的真理。

3.5.1 所谓"占领"

所谓"占领"，说白了就是下面 2 个条件。

（1）不是所有人都能赚到钱，但是你可以；

（2）不仅现在能赚钱，还能持续地赚钱。

每次股市热起来的时候，总有很多人涌进股市，闭着眼睛买都能赚钱，13 亿人都是股神；每当有互联网热的时候，网上总是有不少人问："互联网某某行业前景怎样？"前景不好的时候人会担心行业，前景好的时候又怕竞争的人太多。

如果某个行业不需要多高的门槛，赚钱又多，还不算辛苦，没有特殊要求，那么这个发财的秘密一定保守不住。结果就是从业者越来越多，这个行业变得不再那么轻松，曾经的出租车、外卖都是这样。

要想在互联网行业长久发展，一定要清楚自己的相对优势。你可以说"我比一般人更喜欢钻研代码"，但是不能说"这是一个趋势"，因为趋势不是针对个人的，大家都有可能知道这个趋势。所有的竞争，归根结底还是人与人之间比相对成绩。

当你做的工作不是随便来个新人就能替代的时候，才算是慢慢开始有些价值。

为什么"持续赚钱"也很重要呢？

如果你对趋势先知先觉，在别人还没有反应过来的时候最先进场，赚了一笔。那么之后呢？纸终究包不住火，大家迟早都要进来，谁第一个做的已经不那么重要了，谁做得好，才能分一杯羹。

我有位朋友做天使投资，他跟我打了个比方："两家牙膏公司，即便去年收入一样，一家靠卖牙膏，另外一家靠其他行业的投资（比如房地产），前者就比后者健康。因为前者靠卖牙膏这个主业能一直盈利，相反后者靠投资生存，那是投资公司的强项，这个业务没办法持久。"

在美国的所有上市公司中，有 48% 的公司能保证自己 1 年的盈利；而把时间拉长到 3 年，能做到这一点的就只有 23% 了。要是 10 年呢？就只有 0.9% 了。无论是公司还是个人，长期"占领"一个行业真的不容易。

3.5.2　所谓"细分行业"

现在这个社会，人才最贵，可到底缺哪种人才呢？是专才还是通才？

这个视角是有问题的，人才的价值，不该以"专才""通才"来区分，而应该看他能解决多少问题、解决多难的问题。

对于普通程序员来说，最好的策略就是先确定自己的主业，再慢慢往外延伸。

我曾经去一个山庄度假，晚上吃饭的时候，山庄老板对每道菜的营养、品相说得头头是道。我很好奇，于是问他："您是之前做过营养师还是大学学的农业啊？"

他"嘿嘿"一乐："我就是卖菜起家的，哪儿上过大学、做过营养师啊！"

后来一聊才知道，刚开始，他就是给菜市场、餐厅送菜，后来慢慢留心菜的品种、哪些菜好卖，跟大棚的师傅们也慢慢地混熟了；有了点儿积蓄之后，他自己包了一片地，种了 7 年；把怎么种这个问题解决之后，他从其他地方请大厨开了几家小餐馆，积攒了足够的资本之后，他包了 200 亩地，盖起了自己的大棚，小餐馆也变成了大餐厅。

2008 年那会儿，正赶上房地产大热，我问他："就没想着把手里的钱换成房？"他摇了摇头："跟菜打了一辈子交道，我每天来大棚看看，觉得心里踏实。要是把钱都买了楼，房价上上下下的，咱也不懂，心里也没谱啊！"

每当有人问我要不要做一个斜杠青年的时候，我都会把这个故事拿出来讲，然后问他们："为什么不把自己最重要的那条杠好好地修一修呢？"

现在，互联网把所有的人连到一起，拼凑起来就是一个"超级市场"，把任何一个细分行业单拎出来，都有成百上千万的用户。想清楚这一点，就不难理解为什么有的老中医一辈子只治一种病；能开成连锁的品牌餐饮，绝对不会告诉顾客"想吃啥点啥，我们都能做"。

所以，每当有工作了一两年的学生跑来跟我说："老师，我们公司老板挺器重我的，除了切图和基础 JavaScript，还让我参与设计，有时候还让我学后台。"我通常回一句："这样下去，你什么都干不好。"

有的程序员去面试，简历上写了密密麻麻的工作经历，做的事五花八门。互联网产品和设计的岗位写上就算了，多少有些联系，有的甚至把"销售""理财顾问"都写了进去。我问他们："这些不相关的经历，写它干什么？"得到的回答通常是："多写点没啥坏处，最起码让人家觉得我干过的事情多，能力强。"幸亏 HR 没这么想，要不然年薪百万的岗位都被那些半年跳槽一次的人抢走了。

3.5.3　所谓"占领细分行业"

能力的培养，需要围绕着细分行业进行，把"占领"当成最终目标。

这就像下围棋，刚开始棋盘是空的，选择有很多。但是抓一把棋子在棋盘上来个"天女散花"，不符合游戏的规则——谁的地盘大，谁赢。只有把单个棋子连成"一片",才是正确的玩法。

　　HTML、CSS 和 JavaScript 能连成一片,但是销售和测试很难;Vue、React 和 Angular 能连成一片,但是后台和行政就很难。人在规划路径时最容易犯的错误,就是把毫不相干的东西硬扯到一块,然后不分青红皂白地贴上一个"努力奋斗"的标签,每天上香祈祷:"我做了这么多,什么都会,给我一个好前程吧!"

　　"占领细分市场"这条路太难,因为是"占领",所以在前期需要投入很多,而且看起来没办法"收支平衡";因为是"细分市场",所以人们免不了被路边的风景诱惑。

　　就像很多人在股票上交学费,与其说"太难,我学不会",倒不如说"很难,我做不来"。

　　互联网发展到今天,已经为程序员提供了足够的发展空间,但是大多数圈子里的人并没有觉得生活变得比以前更好,那只能说明问题不是出在互联网,而是在万年不变的人性上。

　　这大概就是《穷查理宝典》里提到的,"每天聪明那么一点点"。

3.6　跳槽前该想好的问题

　　一提到跳槽,大部分人首先想到的是"简历怎么写"或者"面试该怎么准备",这些都是技术性问题。网上有很多现成的相关攻略,比如《33 招搞定 HR》《10 个步骤帮你顺利拿到 offer》,这些攻略容易让人觉得跳槽是条流水线,按着步骤来就能一切顺利。

　　真正的跳槽是一门艺术,有些"艺术性问题"在跳槽前就要想清楚。不然,简历写得再好,面试准备得再充分,只能错得更厉害。这些"艺术性问题"有哪些呢?

3.6.1 首要问题：要不要跳槽

说到跳槽，大家肯定要做一系列的准备。问题是，准备工作的第一步是什么？

是拿出一本技术手册开始复习，还是上招聘网站看职位信息？

都不是，换工作的第一步，最根本的一步，是判断自己要不要换工作。

在实际工作当中，有的人是觉得工资太低、活太多或者没什么发展前景，要换一份工作。这时候需要谨慎，因为太多问题不是换一份工作就能解决的。

况且从准备到实施，再到最后完事儿，需要付出一个月到几个月的时间，至少还影响未来 1 ~ 3 年的职业发展。

之前有人来找我咨询，说："老师，我现在这份工作，强度太高，天天加班，工作和生活都没办法平衡了。我想换一份自由时间稍微充裕点儿的工作，这样还可以利用业余时间给自己充充电。不能再为了挣几块钱，不顾以后的发展……"

乍一听，想法很积极、很上进对吧？这种情况肯定要辞职啊！

但是聊下去，我才知道，团队分配下来的活，别人晚上 7 点就干完了，他愣是每天加班到晚上 11 点。他不是没态度，而是技术水平确实不行，工作上被迫加班，自由时间少，更没有时间来提升技术，这是一个死循环。

这种情况，肯定不是单纯地再换份工作就能解决的。

工作中出现的问题，大致上分以下两类。

● 平台的问题；

● 自身的问题。

要是对现状没有判断清楚就贸然辞职，除了瞎耽误工夫，没什么用。

很多程序员，容易把主观的自身问题看成客观的平台问题。比如有些人说身边没有"大牛"，感觉在现在这个平台学不到东西；甚至是公司制度不合理，老板没有提拔自己，然后开始感慨怀才不遇、人际关系复杂等。他们本来指望通过跳槽换一家公司，结果过了新鲜劲之后才发现，老问题还是没能解决，然后就开始迷茫，把问题扩大，"我是不是不适合做这一行"等问题就冒出来了。

所以，准备跳槽的第一步，就是要想好这件事要不要做。如果这件事从根上就是错的，那么付出的越多摔得越狠；如果不是平台的问题，就要老老实实从自己身上挑毛病。

3.6.2 考虑就业环境

做事是要讲究时机的，跳槽也一样。作为一名程序员，要知道一年中的求职旺季是什么时候，跳槽高发期是哪一段时间。如果打算跳槽，不妨问问自己：现在是人才的"熊市"还是"牛市"？

有相当一部分程序员听到这个问题后，根本没有思路，其实这非常简单。

招聘网站很好找吧？点开一个，然后开始搜索某个类型的岗位，比如前端程序员。

不要在某个岗位或者某几个岗位上纠结，所谓时机，是从整体上考虑的。比如：这个行业招聘岗位的数量有多少？是变多了还是少了？岗位整体要求高不高？平均薪资待遇是逐年提高还是原地踏步？

有些指标是没必要研究的，比如这一类岗位的最高工资、工作地点，就算背了也没什么用。

真正了解一个细分行业，需要很多数据和分析，但是对于个人来讲，掌握几个指标就能判断出一个大概的趋势。比如在 2019 年能看到很多岗位要求上都写着"熟练应用 Vue"，给的薪资还不低，那么就大概能明白这个框架的应用前景了。

之前就有一名学生问我："老师，现在都流行'斜杠人才'，你看我设计也会做一点，后台也懂一些，这样的话，肯定会比那些纯做细分技术的人强吧？就算把 Vue 学得再好，又能怎么样呢，是不是？"

如果他能坐下来，好好分析一下人才市场，就不会说出这样的话、产生这样的想法。

既然是趋势，就不是一朝一夕形成的。某个行业、某项技术被淘汰，也不是一两天的事情，很多征兆都能体现出来，比如招的人一天比一天少，待遇越来越糟糕。稍微用点心，人就不至于走到"死胡同"里。

之前有个学生给我留言，说："老师，我当初选这家公司，就是奔着钱来的。来了之后才发现，除了工资稍微高点儿，哪儿哪儿都不行。我每天加班都加吐了，实在扛不住了，我想换份工作，您那儿有推荐的吗？"

当时的现实情况是大环境不合适，而且按照他的技术，如果辞掉工作，充其量就再找一份跟之前差不多的工作，甚至越跳越差，没必要来回折腾。他还不如省下时间，把自己的技术提高一下。于是我就跟他说："你现在出来不是不行，前提是你要找好下家，千万别裸辞。你可以先试着投一投简历，看看现实情况跟你的目标差距大不大，碰到合适的抽时间去面试一下。"

除了招聘网站，还有什么别的方法了解行业信息吗？有，比如同行圈子。

我之前有个学生，毕业之后在一家公司一干就干了6年，到现在月薪才12000元。其实按照他的水平，拿15000～17000元的月薪不成问题。但钱少拿了是小事，他的问题是能力发展不起来，时间全耽误在低水平的重复上。

我知道他是个比较木讷的程序员，平时不爱闲聊，但是他来北京之后的圈子只有工作单位，从来没看过"外边的世界"，更别提跟同行交流了。最直接的后果就是他不了解市面上的行情，也不了解自身的价值换算成数字该是多少。至于行业趋势、人才市场的走向，就更不用提了。结果就是，哪怕外面有一万家企业招人，跟他也没有任何关系。

3.6.3 考虑工作的交接

有人看到这个小标题，可能会想：现在还没走人呢，考虑那么多干吗？想这些东西是不是有点儿早？

事实上，并不早。

如果已经打算跳槽，那么就尽量不要再接新的项目、参与重要的研发。如果你 2 个月之后就要走人了，还在不断地接新项目，到时候缺了你，整个团队玩不转，公司恐怕不会那么痛快地放你走，这对于你和公司来说都很麻烦。

虽然这能体现你的重要性，但展示价值的方式有很多，没必要在这个节骨眼上节外生枝。

还有一个值得一提的小问题，就是社保。公司的过渡需要考虑很多问题，首先要保证社保不断。很多程序员在换工作的时候，稀里糊涂就把社保弄"断"了。

不要小看这个事情，比如在北京，如果能连续交够 5 年社保，是可以摇号买车的。除此之外，社保还涉及生活的方方面面，到了用的时候，才能感受到它的好处。如果新公司那边增员有问题，大家还可以找社保代缴公司想想办法，这里就不多说了。办法有很多，重视起来就好。

有不少程序员在跳槽求职之前找我咨询，聊了聊后，相当一部分又被我劝回去继续上班了。他们没有换公司，却换了副"精气神"。身边人问我有什么秘诀，我和盘托出："无非就这'三板斧'，这叫什么秘诀啊！"

他们很吃惊："那么多人都过不了这三招啊？"

我笑了笑："太多人连第一招都接不住，剩下的两斧子嘛，都好久没用了……"

3.7 找高薪工作，为何越来越难

之前看过一个采访，问人们对程序员的看法，镜头里有不少人都提到了一个关键词——赚得多。

要说行业平均薪资水平，互联网圈确实站在金字塔的顶端。但在做线下咨询的时候，我却经常听到这样的声音："这年头，赚得多的工作怎么感觉越来越难找了？"

互联网不是越来越繁荣吗？行业平均收入不是节节攀升吗？新闻里不是一直有互联网公司上市吗？接着就是瞬间变成亿万富翁的程序员，像蒸屉里的馒头，一瞬间冒出来一大批，让人眼花缭乱。同样是程序员，其他人难道领了一份"假工资"？

3.7.1　如何定义"高薪"

钱永远是赚不够的，所以这两年"财务自由"这个概念传疯了，而且被很多人当成了人生终极目标：自己不用投入时间和精力，躺在床上钱都花不完。相比之下，什么"年薪百万""身价上亿"就黯然失色了。

偏偏程序员的收入，有的像珠穆朗玛峰，有的又像四川盆地，无论什么水平，总是这山望着那山高。我工作的第一家公司的 CTO，当时看也算是小有成就了，一年 30 多万元的年薪，还不算年终奖和股票。偏偏他参加完同学会，回来之后心里不是个滋味："你瞧瞧我那帮同学，都在北京买了房、开了公司……"

新闻经常报道"富豪程序员"，动不动就年薪百万。我不知道这对互联网圈子外的人号召力有多强，倒是见过不少被高薪骗过来的程序员。即便是在 2018 年，能给出年薪百万的，还是一个万里挑一的工作。如果非要觉得一个月赚 10 万元才算是"高薪"，那这样的高薪工作很难找。

没错，它一直都很难。

但要是把月薪 2 万元当成目标，还是感觉很难，问题出在什么地方呢？

3.7.2　相对参照物变了，竞争的维度也变了

有的程序员讲，现在高薪工作之所以难找，是因为企业对人的要求变高了，需要懂得多了，业务越来越复杂了。这么说不能算错，但没说到根本上。

一种资源的价格，是由供需决定的，企业之所以敢提那么高的要求，是因为它的选择越来越多。想想看，假如全国会切图、能写基础交互的人只有 1 万个，那么企业绝对不会要求员工再去学什么框架、了解其他的语言。

竞争是永远存在的，职场里比的永远是相对成绩。

同样的道理，高考时哪怕你只考了 400 分，但是 99% 的人都在 300 分左右徘徊，你照样能上清华；但在满分 750 分、你考了 720 分时，如果 90% 的人都考了 730 分，那你连上本科都够呛。说到底，要求高了，还是因为人多了，不加点难度怎么区分呢？总不能看脸吧？

人和人的相对竞争，从意识到态度，从方法到天赋，越来越有挑战性。

从 0 到 1 的阶段，拼的是意识，说白了就是知他人所不知，别人不会切图你可以，别人看不懂 CSS 你能做，那么你的工作自然好找，高薪也不是什么难事。

当大家都发现敲代码赚得多时，进入这个行业的人也多了。当最基础的 HTML 和 CSS 甚至 JavaScript 交互都不算"一技之长"的时候，就开始拼态度：水平反正都差不多，解决的都是那些问题，就看谁"敢拼"。

当大部分人发现有些东西不是靠意志能解决的时候（比如项目卡壳，就算熬上三天三夜，也比不上"大牛"指点的一句话），就看谁有正确的方法。无论是自学还是工作，掌握正确方法的人就能领先一步，毕竟出来工作，大家的态度都很认真。

至于下一层，那就是天赋了，这没什么好说的，也没什么道理可讲。

当前程序员之间的竞争，大部分还是在"态度"和"方法"层面，但是不乏还停留在"意识"的水平的人。这些人希望能找到独门秘籍，学一些别人都不知道的技术，从这个维度去努力，自然发现高薪工作很难找。

3.7.3 市场越来越理性，不再关心"账面上的热闹"

在 2010 年左右金融行业大火的时候，不少人跟我打听这个行业的前景。我有位朋友在这个圈里待了几年，告诉我："除了少数的岗位，大部分人做的工作跟销售差不多，能创造的价值十分有限。"也有人对我表示："金融是靠资金的流动来创造价值。资金本身的作用就微乎其微了。"

提供多少价值就有多少收益，说白了就是"天底下没有免费的午餐"。但是账面上的价格，有时候会把人晃得眼花缭乱，让人忘了自己本身几斤几两。大到公司，小到个人，都很容易犯这种错误。

AT&T 公司对很多人来说比较陌生，但是它的创始人，就是发明电话的贝尔。因为技术上的领先，这家公司曾经在很长一段时间内垄断了美国的通信业务。从技术当中尝到了甜头的 AT&T 公司，把销售额的 3% 用在技术研究上，这更是增强了它的核心竞争力。

如果按照这个趋势走下去，一切就皆大欢喜了。问题是当时美国处于金融大繁荣时期，公司上上下下都把焦点从技术创新转移到了公司的股票上，以至于公司高层决定把 AT&T 分拆上市（即把集团的业务分拆成 8 块，成立 8 个子公司，分别上市）。一时间，不少人都变成了亿万富翁，账面上的数字也格外漂亮，只是公司的技术再也没有实质性的进展，贝尔实验室也逐渐被荒废了。

没办法，人就是喜欢账面上的热闹。

每当有学生跳槽，找了一份"高薪"工作，给我报喜的时候，我总是不忘提醒他们："别太在乎账面上的热闹，要说真值得高兴的事情，应该是你的新东家有更多的资源，或者能把你的潜力激发出来。"

靠跳槽涨工资和靠金融抬高公司估值，本质上没什么区别。这种方法的弊端在于有效期太短，局限性太强；当市场恢复理性的时候，账面上也很容易变得冷清，高薪工作自然就越来越难找到。

如果把"高薪"定义在一个合理的区间，并且从态度、方法上多多努力（天赋没办法强求，性格也不是一天就能改得掉），别太在意账面上的热闹，踏踏实实地扩展自己的实力，那么找一份高薪工作就不算太难的事情。还是那句话，难的是人性。

人们更喜欢看结果，喜欢直接从树上摘苹果，而不是给小树苗施肥浇水。但任何一株植物的成长，都需要一个过程。你把每一天的它都照一张相片，比较一下，根本不会发现有什么区别。但大部分人都丧失了对时间的正常感受，并且不知道一片叶子从发芽到展开到底需要多长时间。一旦头一天买了股票，第二天没上涨，或者开了公司，头一年没上市，就会感觉难做的事情好多啊！比如找一份"高薪"的工作。毕竟对于他们来说，老老实实地锻炼能力，解决好每一个问题，敲好每一行代码，太乏味了。

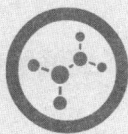

第 4 章

7 个重点帮你提升技术水平

4.1 学编程，到底学的是什么

曾经有位初中毕业就参加工作的学生找我咨询，他之前断断续续地了解过编程（算是知道有编程这个东西），觉得以后可能也要朝这个方向发展，想早点起步，于是参加了一个培训班。

他的数学和英语很一般，这几年一直从事前端行业，感觉很开心。但他迷茫的是，他所有与 JavaScript 有关的工作，统一用插件，虽然业务相当熟练，却感觉自己做的工作没什么意义。

他尝试写原生 JavaScript 写不出来，去接触算法或其他东西以后，反而感觉更迷茫，不清楚学编程到底学的是什么，用他的话说："我感觉我连'码农'都算不上。"

很多跨行业的开发人员，没有经历过系统培训，都会有类似的感受。他们一直在一个问题上迷茫：

学编程，到底学的是什么？

有人说学编程学的是一种思维。这样虚无缥缈的解答，除了炫耀自身以外，并不能给迷茫者一个清晰的解释、一个令人信服的答案。在此，我就深入地剖析和解决一下这个问题。

首先，为什么会有这样的疑问？

我认为有两个原因。

（1）计算机开发技术的发展实在太迅猛，层出不穷的新技术让用户应接不暇。不要说新手，一些熟手也存在着类似的技术栈选择问题，以及不知道该学什么的问题。开发行业不是可选择的路太少，而是可选择的路太多，以至于人们不知道该如何选择、如何学。俗话说得好，"没有方向，就哪个方向都是逆风。"

（2）很多人学习编程的方向错了。

不少人认为学习编程就只是学习一种语言，如 C、Java、Python 等，或者学习如何用某种语言实现一个具体的功能。

这就是一个很大的误区，也是人容易迷茫的地方。如果沿着这个方向走，必然是"死胡同"。

这里我类比一下。

学习汉语学的是什么？再退一步，学习语言的目的是什么？是学习主谓宾语法吗？

人们学习一门语言，其实学习的是如何将自己的思维外化为语言，达到表达观点、沟通交流的目的。

表达谢意，可以说"谢谢"，也可以说"thank you"，甚至还可以鞠躬点头。

语言是人的思维的外部呈现。让一个 3 岁的小孩，学 3 年语法，他也没法写出充满哲理的诗，因为他达不到这一思维层次。

同理类比，编程的过程是把人的思维通过计算机语言表达出来的过程。所谓的各种计算机语言，也只不过相当于各国语言而已，某个技术也不过是类似于"thank you"的语法而已。如果没办法让一个 3 岁的小孩学 3 年语法就写出充满哲理的诗，那么为什么要求才接触两三年编程的自己，实现复杂的程序逻辑呢？

当然，程序员们还是有些优势的，因为程序员的思维不是 3 岁小孩的思维，而是发展了几十年的思维。但是大部分程序员按照计算机的处理方式思考，确实才 3 年而已，所以要做的是强化自己的思维，然后才是学习各种语言。

听着有点虚，我举一个具体的例子。

一个想要学习编程的人，尤其是一个初学者，怎样在这浩如烟海的计算机知识中选择自己需要学习的内容？又怎样建立起自我学习的能力，以便在下一次技术革新的时候能够有自己的判断，知道自己要怎么学习或者要学什么呢？

以上这些问题就是思维的训练。

还有一个很经典的例子，训练的是拆解问题的思维。

把恐龙放进冰箱需要 3 步：

1 把冰箱门打开。

2 把恐龙放进去。

3 把冰箱门关上。

这 3 步看似是笑话，却的确是编程思维。

1 把冰箱门打开。

1.1 先有一个冰箱。

1.2 有一个门。

1.3 有一个按钮，一按就能开门。

1.4 ……

2 把恐龙放进去。

2.1 先有一只恐龙。

2.2 把恐龙切块。

2.3 首先得有一个刀。

2.4 按照上面的规则切块。

这就是面向过程的编程思维。面向对象的编程思维就更简单了。

1 有一个冰箱，它有两个功能，分别是开门和关门。

2 有一只恐龙（它要有恐龙的各个器官才叫恐龙，不然就像咸鱼了，还能喊"别把我晒干"）。

3 有一个切块机，它有个功能是把扔进去的东西全部给切成块。

这就是面向对象的编程思维。当拥有面向过程编程和面向对象编程的思维以后，把恐龙装进冰箱这件事就能有两种拆解问题的能力。而有了这两种能力，就可以用对应的语言去实现。

说了这么多，那么关键的问题核心找到了，问题就变成：该如何让自己拥有编程思维？

首先，培养编程思维需要训练，而且是大量的重复训练。

思维和肌肉一样是可以训练的。这个道理很简单，人反复地下棋肯定会越下越好。这里有两个具体的训练方法，一是看别人解决问题的思路，不断地模仿练习；二是在有一定的知识积淀以后，自己不断地尝试解决问题，实现目标。

其次，培养编程思维需要学习经典计算机语言。不要把计算机当成冰冷的机器，换一个角度，把计算机当成一个刻板但是很靠谱的老头。只要按照它的想法做事儿，让它明白我们想让它干什么，那么它一定能把事儿干得妥妥当当的。

不管是 C 语言，还是 JavaScript，终归都是一种语言。既然是语言，就是用来交流的，只不过是用来跟计算机交流的。努力地提高交流水平才是我们应该关心的，而不是研究说话的语法。

再次，培养编程思维需要关注行业"大牛"的技术博客等。多投入精力去关注业界"大牛"们所关注的一些东西，保持和"大牛"们的思维同频。

如果想成为一个"大牛"，至少要考虑如何跟"大牛"一样思考。说一个极端的例子，如果你是比尔·盖茨的私人秘书，耳濡目染，相信也会是一个很优秀的人。当然，关注业界"大牛"不是去关注那些花边新闻，或者某位"大牛"发了一个微博，然后你去不断地点赞。那没什么用，而是要审视和观察行业的动向、技术的更新等。

最后，培养编程思维需要不断地练习。

不管是提升思维，还是熟悉语言，还是实现某一功能，都需要大量的练习。很多学习者容易陷入的误区就是一听就懂，但一写就蒙。注意，学习者不是判卷老师，而是答题者。

培养编程思维不是去评判和看着挺爽，而是实际地去写代码，不断地解决出现的错误。这就和锻炼身体一样，如果只看训练计划有多科学，看教练示范得有多规范，这对自己的身体改变没有一点用处。

理解了学编程的底层逻辑，才能知道成为一个优秀的程序员该朝哪个方向走，最终向自己心中的"技术大神"之路不断前进。

4.2 程序员必不可少的技能

如果 10 年是一个周期，很多行业的繁荣都撑不过这个周期。互联网算是例外，2000 年就有"互联网泡沫"了，到现在，只要跟计算机沾边的专业，还是热门专业。

但从最初的互联网红利期过去之后，很多人开始反思：就算门槛比较低，它好歹也是个行业，对程序员的能力得有要求吧？

有的人说："程序员，敲代码嘛，我知道。要说最重要的技能，那肯定是技术呗！先搞技术，有了一技之长以后，再带团队、管人、开公司……"说实话，把这句话里的互联网因素去掉，再放在任何一个传统行业，也都能说得通。但是如果对互联网的认识就到这个层面，那就比较危险了。

4.2.1 技术水平只是结果

之前，我参加一个线下论坛，到了观众互动的时间，一位程序员提了这样一个问题：

"工作中我偶尔会接触 Vue 或者 React，您能不能帮我分析一下两者的应用前景？我只想专精一门。"

单从这个问题本身看，提问的这位程序员，一定很容易把自己的职业生涯寄托在某个框架上。他连框架的选择都纠结这么久，更别提去尝试新的语言了。很多人身在互联网，想法还停留在工业时代，把希望寄托在某个"技术秘方"上，天天琢磨着学点儿别人不会的东西，然后"一招鲜，吃遍天"，这是工业时代"钟表匠"的想法。

我问过我之前的 CTO："技术更新这么快，你发愁吗？"

他很不理解："发愁？担心啥？"

我说："语言有那么多，算法又总是更新，各种框架、各种库，一年得换好几个版本。"

他想了想："这么说吧，我现在很擅长炒鱼香肉丝，但有哪一天大伙儿都开始喜欢宫保鸡丁了，我就没工作了？炒菜的水平在这儿，咱翻翻菜谱，也饿不死吧？"

归根结底，还是要落到学习能力上。守着大海，囤多少条鱼都不够一辈子吃，想要永远吃喝不愁，最好学学怎么捞鱼。

提到学习，很多程序员会用学生时代的分数来给自己打气。但环境变了，职场不会给人提供教材，也没有老师教，更不会定期测验。很多程序员入行 3 年了，还是没学会工作以后知识该怎么学、能力该怎么提升。

我们不能把自我成长的责任推给公司，单纯地认为只要找份"好工作"，身边有"大牛"，公司有技术沉淀，只要能在里边"混得住"，技术能力就能提升。就像很多程序员感慨"公司技术不行""身边没有'大牛'带"。

很多事情可以反过来想：如果人人都要"大牛"带，那第一批"大牛"是怎么修炼的？答案很简单：靠自学。

技术是挂在树枝上的苹果，学会种苹果树，才能拿着苹果换钱。

4.2.2　真正的必备技能：学习能力

说到学习能力，很多入行三五年的程序员还会有下面的问题。

1. 学什么?

员工都是公司机器里的一个部件。很多时候,因为公司的流水线太长了,就看不见自己的努力跟最终产品有什么关系。之前有位学生在咨询的时候跟我说:"老师,我觉得我现在的工作一点意义也没有,敲的那代码,谁知道有用没用呢,看不到头啊!您说我该学点儿什么才能变一变?"

我说:"你们公司做的什么业务?你做的东西对产品有多大的影响?按整个流水线来分,你有多大贡献?"

他摇了摇头:"我们公司太大了,我的任务就是接活,把代码敲完,交上去,能有多少贡献,我也没法估计啊!"

看不清自己在整条价值链里的位置,自然就不知道自己怎么做才能提供更大的价值;缺了这个目标,自然不知道该"学点儿什么"。

想知道该"学什么",要站在整个公司的高度,从本职工作入手,这样路才能清晰一些。

2. 怎么学?

知道自己该学点儿什么以后,怎么学才是关键。很多程序员在业余时间不能有效地给自己"充电",这不是终点没选对,而是"跑步"的姿势错了,走不了多远脚底就得起泡。把握住以下几点,才能走得更远。

(1)学会实战思维。一说给自己充电,很多程序员就开始抱着一本《JavaScript高级程序设计(第 3 版)》(下文简称《高程 3》),啃好几小时。但学习效果呢?连一个基础的选项卡都写不出来。很多人晚上下了班,还要在网上看技术视频,白天到了公司,干起活来还是费劲。

学习要抱着目的,可我发现有些程序员,本职工作是开发剧场门票系统的,偏要去学 Linux 和汇编语言,但就算把整本书背下来,对手里的业务也没什么帮助,还不如和家里人出去散散步。

(2)合理掌控学习节奏。我见过不少"996"的程序员,下班后回到家就 11

点了，还要强打精神看 2 小时的书。而且不少人不分内容的难易程度，就给自己来个死规定：我一天就要学 2 章，学不完不睡觉！精神值得鼓励，但是节奏错了。一个人，学习节奏把控不好，也很难分配好一天的精力。

学知识这件事，就不能用一个固定的标准来把握进度，况且每个人的知识结构、接受速度还不一样，一个人学 1 小时的事儿，另一个人可能就得用 2 小时。意识不到这一点，就容易跟自己找别扭，最终结果就是，努力两三天，"瘫痪"一个月。

（3）**搜集高质量的及时反馈**。为什么自学这么难，在驾校学车就能流程化、批量化？

你想，在驾校平地开着车，身边坐着教练，出点儿小错，教练能及时指出来。

换到学代码这件事，有了错误，如果只喜欢闭门造车，就只能一个人在那儿琢磨：到底是哪儿出了问题呢？于是好几个晚上都在掉头发。要是在工作中努力，最起码有了问题还有同事可以请教。

假如撇开手头的工作，沉迷于自己的"炫酷技术"中，出了问题只能去网上搜。然而各种回答参差不齐，不仅网上指点的人水平无法保证，还不及时，很容易瞎耽误工夫。

（4）**深度学习**。之前有位朋友问我："敲代码这事儿，从网上看着视频跟着一块敲不就得了。只要一个字母不差，结果肯定都一样啊，为什么还需要老师来教？"

我反问他："给你买一套《红楼梦》，你就能成文学家了？"编程是一种能力，人要是照着敲，那是插件的搬运工，好学一点儿的还研究一下这个函数究竟什么意思，但要成为一名好的程序员，一定要把关注点放在肉眼看不见的东西上。

一行一行的代码可以复制，但是写出代码的能力需要时间培养。这需要主动去琢磨：人家为什么就能这么想？背后的逻辑是什么？思维是什么？这种思路还能解决什么问题？

因为肉眼看不到，所以它常常被人忽视；又因为很重要，所以它往往成为突破薪资瓶颈的关键。

（5）复盘能力。一名程序员在工作过程中，最可悲的情况就是经过一段时间后没形成积累。在北京，还有很多程序员工作了小 10 年，才能拿月薪 1 万元的工资，其中大部分是因为缺乏核心竞争力。都知道核心竞争力重要，问题是，它从哪儿来呢？

复盘！

没有复盘，就没有进步。足球教练会盯着比赛视频，反复琢磨各项数据；否则，他就跟操场上瞎踢着玩的中学生没什么区别。

要想在职场上不吃青春饭，就要通过复盘自己遇到的每个问题来实现，不然人到中年，凭什么你的方案就比别人的好？凭什么让你来把控方向？一个人的身价，都是在一点一滴的复盘中积累出来的。

对于一名程序员来讲，技术水平是立足的根本，而更深一层的，他学习时的方法才是他奋斗的"核心算法"。学习不在于花了多长时间，而是要用实战思维把控好节奏，要不断收集问题并及时反馈，要学习思维和逻辑，要及时做有质量的复盘。用一个词概括以上所有的学习环节，就是"心血"。

4.3 学习计划如何制订才能落地

每一名程序员都有一个成为"大牛"的梦想，希望自己能够独当一面，成为团队的核心。

每一名程序员都渴望有一本《技术大牛修炼手册》以达成上述目标。最好像写程序一样，明确地说清楚第 1 步干什么、第 2 步干什么。干到什么程度，最好要有一个严格的时间和检验标准。

可是遗憾的是，大家都苦苦地寻找，追求了很久，很多时候看到"大牛"推荐的学习计划都是如获至宝，摩拳擦掌要挑灯夜战，一副不达目标不罢休的架势。可是坚持了没两周，就没有"然后"了。

然后，又继续寻找更好的计划，周而复始。

这听起来像个笑话，但却是程序员们真实的写照。大家想想，哪个程序员手里没有几套从入门到"放弃"的系列视频课程？哪个程序员硬盘里没有点精心淘来的宝贝？但是它除了浪费硬盘空间、让人更加焦虑之外，似乎没有别的用途，一直在那里安静地躺着。

那么问题出在哪儿？

4.3.1　为什么网上那么多学习计划可以参考，我们却总是半途而废

先拆解一下这个问题，看看问题出在哪儿。这个问题可以拆成 2 个子问题：

● 网上那么多学习计划可以参考，有没有用？

● 为什么我们不能坚持下来？

先来看第一个问题。

网上那么多学习计划可以参考，有没有用？

先说一个结论，我认为网上大多数的计划都是不适用的，理由有以下 3 点。

（1）大部分计划与我们要学习的重点内容不匹配。大部分计划对于什么是重点内容没有详细说明，反而其他内容倒是涉及不少。注意，参考世界地图游览北京市是没有太大意义的。

（2）大部分计划没有考虑用户的能力和水平。

（3）学习路线图应该是循序渐进的，是一个可复制和跟随的学习计划，而非"知识点的罗列"。很多计划都是大而全的学习字典。如果只给一本字典，人是写不出来优秀文章的。那些厚厚的"大砖头"，足以打消人打算读它的欲望。

这 3 点也是很多人坚持不下来的原因。

4.3.2 什么样的学习计划是好的学习计划

1. 学习的内容符合受众的水平。

以零基础的学生学 CSS 为例，这样的学生需要的是扫盲、迅速地学会切图，而不是研究响应式多个屏幕适配这类可能涉及 JavaScript 知识的问题。所以初学者的学习计划应该以知识点的扫盲为主，配合着系统的训练案例，以便迅速地切出标准化的网页。应该以此为依据安排学习计划，而非过分强调兼容性和实战。

当造不出汽车的时候，考虑怎么降低油耗是没有意义的。

2. 一定要有时间的安排。

没有时间安排的计划，是不具有可执行性的。

3. 一定要有验收标准。

学习效果讲究的是结果，而不是一个过程，更不是满满的"收获感"。一个软件做了一半，在用户眼里跟没做是一样的，因为结果都是"没办法用"。学了半天，背了很多知识点，结果连一个基础的选项卡也写不出来，还自我感觉良好，这就是验收标准的缺失所带来的直接后果。

通过以上的分析和探讨，相信大家已经有了结论，要想在网上大量的学习计划中寻找一个完全符合自己实际情况的计划，就好比去商场里买一件为自己量身定制的衣服一样困难。不是衣服有问题，而是买衣服的思路有问题。要完全为自己量身定制，应该去的是定制衣服的裁缝铺，而不是商场。

4.3.3 为什么我们不能按照计划坚持下来

这个问题分为客观和主观两个方面。

从客观上说，有以下 2 点。

1. 大部分学习计划都是机械化的，时间固定的。

比如，这周每天做什么，或者每周一、周三、周五做什么等。但是有句话叫"计划赶不上变化"。

所谓的变化有两个，一是我们学习时间越来越不固定。我们不是学生，很难每周或者每天都雷打不动地抽出一部分时间去学习。但是大部分计划执行者没有意识到计划需要动态调整，或者不会动态调整，只会机械地执行，以致最后"学习进度跟不上计划"了，学习动力越来越弱，最后放弃。

二是学习的效果是动态的。如果一个人对于部分内容的学习进度快一些，那么按照固定的学习计划，就会浪费时间。反过来，如果某些内容对于自身能力较弱的人来说存在难度，那么这个人的学习进度，就应该比计划的慢些。而这个时候没达到预期效果，如果他把责任归咎于自己，认为是自己没有坚持，或者说自己不够努力，最后自我否定，那么结果就是他丧失了信心，在自责和愧疚中慢慢放弃了。

2. 计划没有一个合理的效果反馈和指导。

即便是计划完全正确，也完全符合这个人的能力，甚至是为他量身打造的，但是学习的内容里面一定有他不会的部分。一个学习计划制订得很合理，但是如果有老师指导（哪怕是一句话的事），也许一晚上就能学会，但如果没有，就可能在一个问题上卡住，折腾一周。

这时很多人依然把责任归咎于自己没有坚持，或者说自己不够努力，走上放弃和自我否定的道路。

制订能够执行下去并能达成最终效果的计划是一个复杂的工程，从客观上说需要经验、技巧和外力协助。如果不能坚持下来，不能完全归咎于自己。

同时，不能按照计划坚持也确实存在主观因素。

目前人们的工作节奏越来越快，再加上知识付费行业对"贩卖焦虑"的推波助澜，人们普遍因为知识匮乏而焦躁。很多人只是跟风去囤积大量课程，而并不考虑自己是否需要。

另外，目前信息的爆炸，造成了人们选择过剩。让人焦虑的不是没选择，而是选择太多，以至于有了"这个不好，再换一个"的想法。

到现在为止，我分析了网上学习计划不能实施的原因，由此大家可以推出对应的解决方案和好计划的标准，剩下的事情就是大家根据自身情况制订科学合理的计划，并找到能够指导自己的老师，保证学习效果。

4.4 如何在疲劳的代码世界里保持兴趣与精进

想要在"每天都有新事物冒出来"的互联网技术世界中跟上步伐，这是个艰巨的任务。

很多人都有这样的感觉：几个月不学习，自己的技术就会过时；全新的语言、类库、框架让人应接不暇，感觉自己的单词量还没有新出来的类库多。学吧，没精力；不学吧，充满焦虑，担心落伍。几乎所有的程序员都经常被一个问题所折磨，那就是"如何在疲劳的代码世界里保持兴趣与精进"。

互联网上很多人给出了类似"治愈计划"的东西，确实有一定的效果。但是我想深挖一层，这里不从"术"的层面去研究、探讨一些具体计划，而是从"道"的角度解决本质问题。

小孩子数数，总喜欢掰手指头，这就是"术"。掰手指头够具体，也够快，但数字范围超过 10 就不好用了。而乘法口诀,不管数字多大依然有用。这就是"道"。

这里就探讨一下用于程序学习的"乘法口诀"。

首先我们回到问题本身,把上面的问题拆解成 3 个子问题:

- 如何保持兴趣?
- 如何持续精进?
- 如何避免疲劳?

4.4.1 如何保持对学习的兴趣

我们能保持兴趣的事物,同时具有以下 2 个特征。

1. 这个东西能带给自己很强的成就感。

比如有人喜欢弹吉他,这其中 2 个因素必不可少:一是用吉他弹出的动人的旋律让人愉悦;二是能够在众人面前展示自己的才艺。总结成一句话:让自己和别人觉得开心。

同样的道理,大家想想自己学习动力最足或者最开心的那一瞬间,自己在做什么。对于一个热爱写代码的人,肯定是"哇,我又切出来一个网页""哇,我又研究出来一个新功能,会写 Vue 了""我开发了一个很厉害的程序"。一句话:自己的能力大幅度提升的时候。

如何创造成就感,进而保持兴趣呢?

先说反例,如果只拿着一本书不停地啃,跟研究古籍似的,就很容易失去兴趣。这就好比天天让一个歌手去背字典,他会被烦死。

在学习时,首先要进行必要的基础知识学习,然后直接编码,不断做出例子来证明自己的能力更强了,这带来的愉悦感和成就感能够让自己对代码本身产生浓厚的兴趣。

其次,要通过分享,强化成就感。

有人可能会说:"有些东西就是理论或者需要深入研究的东西啊。比如算法,我半天也出不来什么提升成就感的东西啊?"这种情况,直接编码的方式就不适合了，可以采用分享的方式。

比如写一篇文章，在网上分享快速排序的问题或者能够应用的点，就会收获很多想一起学习的人的点赞和评论，那么即便问题很枯燥，分享起来乐趣也很多。微信朋友圈最得人心的功能，恐怕还是点赞、分享。

所以我们要顺应人性，通过上面 2 个手段提升自己的成就感，这是保持兴趣的一个好方法。

2. 这个东西能带来收入。

原谅我的庸俗，但是我相信没人会拒绝一份既感兴趣又能给自己带来收入的工作。这对兴趣的保持非常重要。

如果每开发完一个项目，就能买一把自己心仪已久的最新款吉他，那么对学习的兴趣会不会高一些？

通过自己所学，不断地增加自己的收入，用财富做更多有意义的事情，能够让自己对代码的兴趣保持得更持久，走得更远。

4.4.2 如何持续精进

持续精进有 2 种途径：自己学习和外力培养。

1. 自己学习。

自己学习对个人能力的要求比较高，需要有一定的基础，也要掌握一定的自学方法，比如刻意练习。这里我就简要地介绍一下刻意练习的方法，包括以下 4 点。

- 要有明确的特定目标。
- 练习要专注。
- 练习包括正确的反馈。
- 练习需要走出舒适区。

2. 外力培养。

靠自己减肥，十有八九会反弹，怎么办呢？去健身房，找教练。

一个人要想短期迅速地提高自身的能力，更需要外援。这就好比一个足球队要提高成绩，通过自身训练肯定是一个方法，但是要想在一个季度内取得大的突破，就需要请顶尖的教练，引入科学的训练方法，甚至是引入外援一起训练和比赛。

在代码世界里持续地精进也是一样，需要有一位能够布置练习作业的老师，能在方向和效果反馈方面给予正确的指导。

有句话叫"方向不对努力白费"，这也正说明了老师的重要性。不夸张地说，一个老师点拨一句，可能帮助你在一个晚上完成原本需要一周时间的项目。一个老师引导你找到自己正确精进的道路，能让你节省 3 到 5 年，甚至是改变你一生的职业发展速度和高度。

这里要注意，不要接受免费的建议，这有两个原因。

第一，免费提建议的人不需要对自己说的话负责任，也没有经过专业的调查，可能根本不具备指导的能力。你去南极探险，最好花钱请一个向导，而不是在百度上搜免费的答案。

第二，就算能给出正确的建议，你理解得不深刻，也就不会重视——因为免费。提供建议的人姑且说说，你好赖听听；他没想着尽到老师的义务，你也不会把自己摆在学生的位置。

当然不排除你问的人很专业，而且对你进行了充分的调查，也打算给你正确的指导，并且他说的话你也非常重视。但发生这种情况的概率是多少呢？你是把自己的命运交给自己，还是给那 0.00001% 的概率？

4.4.3 如何避免疲劳

这里我当然不想说要"劳逸结合"，或者说如何休息，我想说的是如何学习避免疲劳。其实避免疲劳最好的方式就是抓紧时间学会，尽快达到目标；否则就什么也不干，单纯地休息。最让人疲劳的，就是半死不活的中间状态：看了半天没学进去，过了好几小时还挺累。如何避免疲劳，可以从以下 2 个层面说。

1. 提高学习效率。

提高学习效率很简单，按照本书 4.2 节和 4.3 节分享的那一系列方法去实践就好了。

2. 工作中减少疲劳。

重点说一下如何减少疲劳。

如果让大家去搬砖，大部分人会感觉到疲劳，给很多钱都不想去。但是大部分人却会背着很重的装备去旅行，要知道爬山的路可比搬砖的路坎坷多了，但是大家还是乐此不疲。那么区别在哪儿呢？

区别就是做事的心态。

其实学代码也一样，如果自己每天下班以后都坐在书桌前，拿起一本"犀牛书"或《高程 3》，其实就相当于给自己找了一份搬运工的兼职。反过来，以完成一些项目的心态（或者真的去接一些项目），在项目中学习，并体验完成一个项目的成就感，去领略用新技术完成项目的新风景，顺带感受一下收入增长的好心情，相信很多人都不会排斥的。

祝大家在代码的世界里永远充满激情。

4.5 该学点什么，才能当个合格的前端程序员

说到前端，很多人觉得前端开发就是切图，顶多再写一写 CSS，或者从网上搞点插件，凑合着鼓捣出来一个网站，这不就是前端程序员所有的工作吗？

正是因为很多人对前端行业的了解还停留在这个层面，所以在线下咨询的时候，经常会有程序员问这样的问题：

"老师，到底该学点什么，才能当个合格的前端程序员？"

我完全理解他们的心情。首先由于前端技术发展太快，不断有新的技术推出，让人感到眼花缭乱。

其次，关于 Web 前端工程师、全栈工程师是走"小而美"的职业发展路线，还是走"大而全"的职业发展路线的问题，公说公有理，婆说婆有理，最后再来一句完全没有用的"根据你的自身情况而定"，直接就让很多人彻底蒙圈了。

而且就算是给出了方案，每个人的情况不同，实操性也差。所以大家都希望得到一个类似于划定好范围的"复习重点"，然后再来一个针对重点的复习计划。

我们首先要搞清楚这一问题的本质，否则问题都错了，答案越具体，错误也就越严重。

"该学点什么，才能当个合格的前端程序员"，这个问题本身就包含 2 个问题。

● 仅仅靠学点什么，能不能成为合格的前端程序员？

● 如果能，那么该学点什么？

拆解完就清晰多了。我们先来讨论一下第 1 个问题。

● 仅仅靠学点什么，能不能成为合格的前端程序员？

前端程序员本身属于程序员的范畴，那么程序的本质是什么？

程序是用来解决业务问题的。

所以这个问题也就很简单了，想成为合格的前端程序员，需要具备的第一个能力是定义问题的能力，第二个能力是解决问题的能力。至于学点什么，只属于解决问题的一个环节。

想成为一个合格的前端程序员，大家一定要围绕着学习什么能有助于定义问题、解决问题来思考。

本节将先给大家科普一下前端的发展简史，然后再说"学什么"。

4.5.1　前端发展简史

前端虽然是一个年轻行业，却在短短 25 年的时间里经历了翻天覆地的变化。

1. 石器时代。

这是个蛮荒时代。1994 年，Navigator1.0 和 IE 1.0 还没出现，JavaScript 也还没出现，一切都那么原始，原始到浏览器只能显示文字。然后到了 1995 年，这是创世纪的一年，JavaScript 出现了，IE1.0 出现了，Navigator 2.0 浏览器正式内置了 JavaScript 脚本语言，紧接着 CSS1.0 也出现了。程序员开始了刀耕火种……

2. 青铜时代。

2001 年，微软公司发布了当时最先进的浏览器，它后来统治了浏览器市场多年。没错，它就是屡屡被前端人员吐槽的浏览器——IE6。

2004 年 2 月 9 日，Mozilla Firebird 改称"Mozilla Firefox"，简称"Firefox"，然后 Chrome beta 版本在 2008 年 9 月 2 日发布。如果说 IE 6.0 是镰刀的话，Chrome 就是收割机，前端人员喜极而泣，哪怕它是个 beta 版本。

可喜的是，终于有前端开发工程师这一职位了；可悲的是，这个岗位的主要工作，居然是处理浏览器兼容性问题。

3. 铁器时代。

2006 年，jQuery 诞生了，前端同学们奔走相告，欣喜若狂。时至今日，jQuery 之所以这么成功，就是因为它处理了大量的浏览器兼容性问题。

jQuery 诞生之后，各种基于 jQuery 的组件铺天盖地地出现。随着它们对 HTML5+CSS3 的支持程度逐渐加强，好日子终于来了。然而，基于过程和 DOM 操作的 jQuery 面对日趋复杂的逻辑，越来越力不从心。

Ajax 的出现，大幅度地推进了单页程序的进程，也让 jQuery 日趋尴尬。前端人员以一种全新的方式编程，降低了编程的复杂度。

4. 蒸汽时代。

由于业务复杂度增加，数据交互等异步操作数据规模加大。有一段时间，大部分项目引用 jQuery 已经成为条件反射，代码库由上千行的 jQuery 代码组成，很难维护，而且包含非常多的自定义功能，使新的开发变得具有挑战性。

前端程序员陷入 jQuery 的沼泽中无法自拔，还好有无数的前辈做了大量的尝试。

2010 年，开发者 Jeremy Ashkenas 发布了他为单页应用程序开发人员编写的新工具集 Backbonejs。它是轻量级的，快速的，不依赖 jQuery 的（虽然开发者可以用 jQuery 来解锁更多的 Backbone 特性，但是 Backbone 是专门用来解决"jQuery 沼泽"问题的）。

Backbone 工具集的方法是将代码拆分为数据模型，用于处理该数据的操作集，并显示它的视图。通过连接视图到数据，开发者不用再在数据改变时更新他们的站点。Backbone 是一种优秀的产品，在一些非常大的、非常著名的 Web 应用程序中被广泛使用。

但是 Backbone 功能单薄，无法形成固有的 MVC 模式或 MVP 模式。虽然可以通过增强它的功能，让它更接近我们想要的 MVVM 框架，但是这样比较烦琐，新手根本无法驾驭它。

然后 Angular JS 来了。

同样是 2010 年，Angular JS 在某种程度上给出了一个完整的前端架构解决方案，它提供了强大的工具和基于组件的体系结构，这用普通的 jQuery 是很难甚至不可能重新创建的。

正如 Nelson 所说："我已经试着用 jQuery 和原始 JavaScript 构建有用的单页应用程序几年了。然后我偶然发现了 Angular JS，它告诉我，一个应用程序的模型不需要活在 DOM 里。"

双向绑定、自动更新、路由或指令等，这一切对于前端程序员来说既陌生又惊艳。从此前端程序员可以不用活在 DOM 的世界里。

遗憾的是 Angular JS 并没有持续连贯地版本迭代。颠覆式的创新，破坏性的迭代，让前端程序员再一次体验到 Angular 有多难学，Angular JS 和 Angular 2.0 及其之后的版本完全不是一个东西，可以说这让前端程序员摔了一个大跟头，好在谷歌意识到并安抚了这一情绪……

前端程序员继续在波折中前进……

2013 年，Facebook 发布了 React。

这是一个体积很小但在渲染时极快的前端框架。2014 年，Facebook 采用基于事件的方法来组织和开发应用程序，即 Flux。这些东西以及围绕它们成长的相关技术，又一次改变了 JavaScript 应用程序的开发。

2014 年 2 月，Vue 也发布了。Vue 以其易用、灵活、高效的特点，迅速获得大家的认可和青睐。

至此，Vue、React 和 Angular 前端框架三足鼎立之势正式形成。

Vue、React 和 Angular 大行其道，前端程序员的生产效率呈数量级的快速增长。HTML5 定稿，ES6 定稿，一系列新的技术和方案井喷般出现，前端迎来了一个繁荣的时代，一个最美好的时代。

5. 我们的未来。

过去，我们在访问页面时看到了稳步的多元化，但这仅限于家用 PC 的领域。今天，用手机、平板和 PC 在同一时间里访问同一个网站，变得非常普遍。

这些设备可用的带宽、处理器功率和屏幕分辨率差别很大。所以，Vue、React、Angular 这些框架趋向于解决同一个问题：为开发者创建一个多样化的工具，使他们能够快速构建在各种设备上都能适配的快速的单页 Web 应用程序。

但是前端程序员们又面临着新的挑战，具体体现在以下 3 个方面。

（1）智能化：未来的 AI 将代替大部分前端人员切图、加特效，又快又好，而且不会有兼容性问题。但是用不用这些特效、怎么用，还是由人来决定。

（2）数据可视化：未来的前端将不限于网页，Web VR 和更多设备的出现，让数据的呈现方式变得多元化。就像 10 年前，说起前端，没人想到会包含运行在手机里的 App 内页一样。电影《钢铁侠》中的可视化数据方式将会出现。

（3）图形互动化：未来前端的交互方式将会更加多姿多彩，小到点头眨眼，大到一个体感动作，前端交互将会完成彻底的转变。未来坐在电脑前打字，用鼠标点击，将变成落伍的方式。

针对以上情况，更加多样化的技术、更综合甚至是跨行业的技术整合将会十分普遍，如 JavaScript + IoT（物联网）解决方案也会普及。

语音、体感、虚拟现实和 Web VR 等结合，会将前端的疆域推广到更加立体和宽广的空间。

前端进入了最美好最伟大的时代，当然技术的嘈杂、更新也对前端人员提出了更大的挑战。

这是一个最坏的时代，因为技术永远比需求和设备慢半拍；这是一个最好的时代，因为每一种设备都将以最快的速度获得一个甚至几个最佳技术方案。

在这个时代，想成为"合格"的前端工程师，该学点什么呢？

4.5.2 大道至简，从基础出发HTML5+CSS3

前端布局，是前端开发人员的核心技能，在前端开发工作中占很大的比重。但前端布局由于入门容易、深入困难的特点，历来被视作入门知识而轻视。此外值得注意的是，CSS3 的 Flex 布局和 Grid 布局等颠覆性布局方式的出现，已经彻底改变了传统的 DIV+CSS 布局方式。良好的前端布局优势是进行 JavaScript 编写和交互的基础，所以有必要打牢基础，保证便捷高效地进行前端开发。

4.5.3 原生JavaScript

除非你是一名纯后台开发者，否则你需要了解一些 JavaScript 的相关知识。当然，即使你不了解，如果你是一名 PHP 或者 Java 开发者，JavaScript 的类 C 语法也会让你感到有些熟悉。

但是如果 JavaScript 对你来说是完全摸不着头脑，那么你就危险了，因为你可能在解决问题的时候陷入不知如何选择的境地。最主要的，哪怕你不从事前端工作，但是你需要与前端人员协作，如果你不懂原生 JavaScript 就会出现鸡同鸭讲的现象。

我为什么先从后台人员说起呢？原因很简单，连后台人员都需要了解，作为拿 JavaScript 吃饭的前端人员，如果不熟悉原生 JavaScript，就跟开车不知道挡位切换一样可笑。

有的人可能会说："老师，我可以开自动挡的车啊！"确实有自动挡的车，但是你别忘了，前端程序员相当于是一名职业的车手，而不是私家车车主。前端是你的职业，JavaScript 就是你的赛车，所以，你能在完全不了解手动挡赛车的情况下成为一名顶级车手吗？

4.5.4　前端人员的"自动挡赛车"——jQuery

原生 JavaScript 就是螺丝刀，能够保证程序的稳定坚固。而 jQuery 是透明胶布，用它对付家里的小修小补还是很方便的，但是如果到处贴就很难看了。当然，jQuery 的用途实在太大了，时至今日 jQuery 依然有 2 个重要的作用。

首先，目前 70% 以上的 PC 端网站，依然是 jQuery 驱动的。所以 jQuery 不是可选项，而是必选项，它的角色有点像火锅的锅底。

另外，熟练掌握 jQuery，深入了解其原理，对学习 Vue、React、Angular 等框架是极其有帮助的。

4.5.5　掌握 ES6

掌握 ES6 有以下两个作用。

第一，掌握了 ES6 能够更加便捷地开发、大幅度地提高工作效率。

第二，能够为学习 Vue、React 和 Angular 等框架甚至是 Node.JS 打下坚实的基础，因为目前大部分框架都是使用 ES6 写的。

4.5.6　Vue、React和Angular 三大框架至少要熟悉一个

个人推荐 Vue，理由：Vue 是一个相对比较新的库，但是它的学习人群正以创纪录的速度增长，而且已经被大公司采纳。它正被百度和阿里巴巴这样的公司采用。而且它还是 PHP 框架 Laravel 的官方前端层。

Vue 有以下 4 个关键特色。

（1）官方维护的路由和状态管理库。

（2）关注性能。

（3）较低的学习曲线（使用的是基于 HTML 的模板）。

（4）较少的样板代码。

其实重要的就两点：第一，用的人多；第二，好学。Vue 目前在 App 的地位有点类似于 jQuery 在 PC 端网站的地位。

4.5.7　学点算法知识

前端的技术领域正在飞速扩展。几大互联网公司已经开始将数据挖掘、贝叶斯和 3D 图形图像等领域算法运用到前端领域，对浏览器的了解也逐步深入到内部实现机制原理上，从原理上理解渲染。移动端的前端越来越像嵌入式应用开发，这些都需要更懂算法。换一种说法更好理解，学习算法的好处有以下 2 点。

（1）要想成为最优秀的那 10% 的前端程序员，你需要懂算法。

（2）算法就是一些问题的成熟解决方案，了解后能够让你提高工作效率。

当然，如果说只想切切图、写写数据交互而已，那么不懂算法也没问题。

4.5.8　了解一门语言

了解一门语言，不是让你成为全栈。懂得一些基础的后台知识，其实和后台了解 JavaScript 一样，前端人员和后端人员能够更好地协作，不至于出现"鸡同鸭讲"的情况。

最后还是要嘱咐一句：各种学习内容已经分门别类地摆出来了，在上路之前，一定要记住自己为什么出发。也许上面的工具终有一天会过时，但做好前端的初心要永远牢记。

4.6　全栈和专精，致徘徊的你

在职业规划咨询过程中，我经常会遇到这样的问题：

"老师，我是该深入钻研专精一门，走技术'大牛'路线，还是所有都要了解一点，学一学，做一个全栈工程师？"

类似问题还有："老师我是不是 30 岁最迟 35 岁就要转管理了？是不是技术人员年龄大了就没有优势，精力跟不上了？"

这是在从业者中普遍存在的问题，反映了技术发展所谓的"两个方向"：一种是纵向的，一种是横向的，纵向的是削铁如泥的干将莫邪，横向的是八面玲珑的瑞士军刀。

到底选哪个呢？

要想弄明白这个问题，就要先搞清楚，**前端、后端以及全栈，分别是什么**。

说到这个，我想起关于我以前的职位的一个故事。曾经我在做全栈工程师时，有人问我："你是什么职位啊？"我说："前后端开发工程师。"他说："是不是前端开发工程师？"

我说："不是。"他说："那就是后端咯？"我摇了摇头。

他说："我真搞不懂，到底什么是'前后端开发工程师'？"我说了那个我很不愿意说的词儿，以便让他尽可能明白——全栈工程师。他好像明白了："就是啥都会干呗！"

我说："不是。"然后我岔开了话题。对于前端、后端和全栈的工作范畴和价值，人们普遍存在着误解。

比如很多人按能力排名有这样的鄙视链：前端 > 后端 > 全栈。人们都喜欢最牛的，就像很少有人知道第 2 个登上月球的人一样，然后全栈作为最末端就被鄙视了。

我把这 3 个工种该做什么和不该做什么说明白，大家就清楚怎么做了。

4.6.1　前端、后端以及全栈，职能分别是什么

1. 前端。

所有你能看到的东西都是前端人员做的，比如 App 界面、网页，比如交互。

当然还有从后台读取数据进行展示和向后台发送数据。

具体内容如下图，一图抵万言。

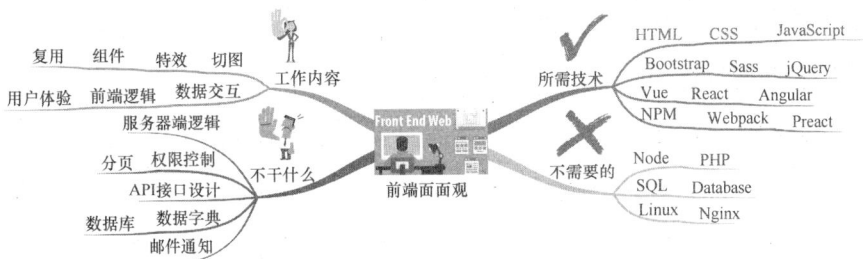

2. 后端。

所有与业务逻辑、权限控制和数据处理有关的工作都由后台人员负责，比如登录、注册、订单管理和数据库交互。

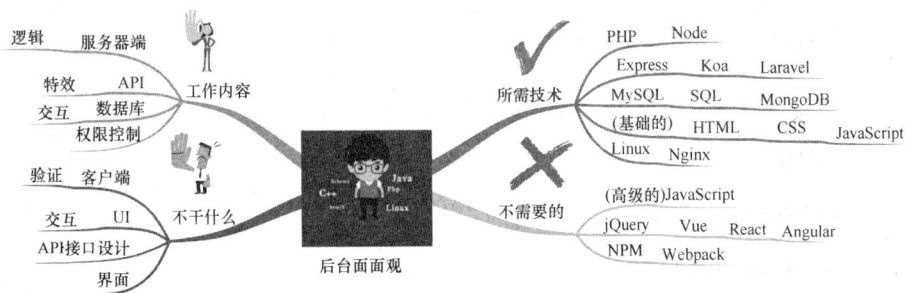

3. 全栈。

对前端和后端都有一定的了解，能够独立完成前端和后端工作。

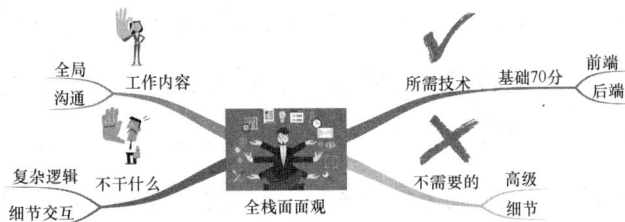

通过对三者工作的归纳，大家可以清晰地区分前端和后端的工作内容及所需

技术。但是对全栈还不能做到很了解，至少它不是简单的"前端＋后端"技术的叠加。

4.6.2 怎样才算一个合格的全栈

1. 要有部门统筹能力。

全栈人员掌握着独立完成产品常用的 20% 技能，另外的 80%，在需要的时候有能力获得。而另外两个工种掌握着专业领域 80% 的技能，甚至是 90%，另外的 10% 通过其他渠道获得。

就算全栈工程师各方面能力都是 80%（确实有这样的人存在），但是精力有限，一个人不能长期干 3 ～ 5 个人的活儿。所以他们的大部分工作内容在于全局把握和沟通，特别优秀的全栈能做到关键性技术指导，实现"1+1>2"，甚至"1+1＝100"的效果。

2. 要有项目把握能力。

开发现代项目，很少说只用到一两种技术的，特别是当今移动互联网技术日新月异，随便一个互联网项目，都需要用到产品设计、前端开发、后端开发、数据库、各种移动客户端、三屏兼容、RESTful API 设计和 OAuth 等。

一些比较前卫的项目，可能会用到 Single Page Application、Web Socket 等技术。写业务场景时，还需要使用一些垂直的技术，比如微信公众号、小程序及微博应用等。

Web 前端也远远不是从前那样切图、用 jQuery、上 Ajax 或兼容各种浏览器那么简单了。作为 Web 前端工程师，你需要用到工作流、模块化、多屏兼容和 MVC 等各种复杂的交互与优化，甚至需要用 Node.js 来协助开发和测试。

所以说一个项目是非常复杂的，需要一个人来掌控全局。这个人不需要是各种技术的资深专家，但他需要熟悉各种技术。对于一个团队，特别是互联网企业的团队来说，有一个全局性思维强大的人非常重要。

在恰当的时机用恰当的技术，开发实现恰当的产品，常常远比实现某个具体功能要复杂和重要得多，而这正是全栈工程师需要考虑的。

3. 要有跨部门和跨业务沟通协作能力。

项目越大，沟通成本越高。做过项目管理的人都知道，项目中的人力是"1+1<2"的，人越多效率越低。因为沟通是需要成本的，不同技术的人各说各话，前端和后端是一定会掐架的。

每个人都会为自己的利益而战，一点也不考虑自己的人是几乎不存在；即便有，由于大家都具有不同的知识背景和行业经验，水平参差不齐，这些也都会产生极高的沟通成本。

而一个优秀的全栈工程师的沟通成本几乎为零，因为各种技术都懂，胸有成竹，一不小心自己就全做了。即使是在团队协作中，与不同技术人员的沟通也容易得多，让一个后端和一个前端沟通，那大概率是鸡同鸭讲，更不用说设计师与后端了。

但如果有一个人，产品、设计还有前后端都懂，那沟通的效率显然不一样，因为他们彼此都能听得懂。全栈工程师更像团队的翻译官与黏合剂，保证项目高效、有序地进行。

4.6.3　全栈工程师的养成、机会与困境

创业型公司和中小型公司的发展，尤其是大众创业的风潮，会促进全栈工程师的发展，也会更加凸显他们的价值。因为虽然单个全栈工程师的工资很高，但是远比专业型分工团队的成本要低得多，而且全栈工程师更能应对创业公司多变的需求，降低团队的沟通成本。

但是，很多为了成为全栈工程师或者已经是全栈工程师的人，面对着巨大的困境。

（1）一个工作两年的切图人员都比一个全栈工程师切图好，一个月薪 8000 元

的后台都比月薪 3 万元的全栈人员写的代码快，他们面对着博而不精的煎熬。

（2）想成为全栈工程师，需要花费大量的学习时间，到最后还可能是无功而返。

最后造成了一个现象是，求职者确实什么都会，但关键用人单位要的是一个月薪 8000 元的切图人员，而不是一个月薪 3 万元的什么都会一点儿的全栈工程师。

为什么会出现这种现象？这些问题又该如何解决呢？

——避免个人定位不清晰，在该专精的时候选择了全栈。

无论是前端还是后端，全栈的意思是能够独立工作，不是前端会切个图，后端会写个 SQL 就行。而在一个领域没有 3 年的积累是达不到上述情况的，而很多人切图 3 年或者写 JavaScript 就想着全栈了。

全栈是一不小心成为的，是用工作经验堆出来的，不是学出来的。

举个例子大家就明白了。大家都看过武侠小说，小说里有哪位顶尖的武林高手一出师门就立志学会武林各门各派的武功的？相反提起东邪，大家想到的是他吹箫能乱人心神，说到西毒立马想到蛤蟆功，说到南帝就想到一阳指，说到北丐就想到打狗棒，他们历经几十年才形成专精一门的武林绝学。

那为啥你工作三四年，就样样精通，前后端啥都会呢？这明显不现实。

武侠小说里面有两位"全栈工程师"，一位是鸠摩智，号称会少林七十二绝技，结果最后变成了"打残哥"。虚竹来了把他打残了，段誉来了把他打残了，最后乔峰来了又把他打残了，所以想通过学习变成全栈工程师大概率会比鸠摩智还惨。

那怎么办？武侠小说的最强"全栈工程师"是扫地僧，这位是"大神"级存在，但是大家发现人家是靠年头熬出来的。所以这个是正路，全栈工程师的经验是时间和项目堆出来的，是经验不是课本。

为什么说国外全栈工程师很多呢？因为很多人都有 10 年以上工作经验，一开始是后台工作，工作了几年"跳槽"换了一家工作，发现需要数据交互，又去学数据交互了，这时也会简单的切图工作了，然后工作又变动了，发现切图和套 JavaScript 太麻烦了，用 Vue 试试，一不小心又会 Vue 了。

Vue 写多了，发现后端是不是也可以用 JavaScript 啊？就有了 Node 和 Koa，那数据库是不是可以呢？上 MongoDB，最后发现这个语言不好用，自己写个吧。所以很多全栈工程师都是"大胡子中年人"，大胡子是因为很忙没时间清理，中年是因为技术是靠时间熬出来的。

全栈工程师应该是被业务需求催出来的，而不是学出来的。可是现在很多提全栈工程师的人都是什么人呢？大部分是工作 3 ～ 5 年想转管理的。

其实全栈工程师和技术"大牛"是殊途同归的，就像小弗雷德里克·布鲁克斯的《人月神话》里面技术专家和手术刀最后都融合了。你学吃饭的过程中想过只学筷子或勺子吗？

因为当专到一定程度的时候自然就融会贯通了，反过来当自己博采众长的时候，自然就知道自己哪里薄弱需要加强了。全栈和专精并不冲突，都是为了完成工作。

最后一句，技术是为解决问题服务的。

4.7 对于程序员，正确的学习"姿势"是什么

很多学生经历过下面的学习阶段。

（1）看网上的视频教程；

（2）照着敲代码；

（3）学完了一个，觉得自己还没学会；

（4）再学另外一个教程；

（5）感觉自己学会了；

（6）找个项目做一做，做不出来，再找教程；

（7）重复（1）～（6）步。

到最后发现，自己什么都知道一点，好像什么都会了，又好像什么都不会。说不会吧，各种知识都能说出一个所以然来，教学案例也能敲得熟练，说会吧，一个全新的项目一点都写不出来。

那么问题出在哪儿呢？

练得少？硬盘里自己敲过的项目已经很多了，再重复一个类似的项目已经没多大意义，除了消耗自己仅存的学习动力，然后放弃，没什么作用。

其实是因为没有掌握成为一名合格程序员的正确"姿势"。

4.7.1　学会的标准是什么

编程是一项技能，而不是纯知识。所以学会的标准就是：给你对应的标准，你能够产出合规的产品。

但是这就涉及第一个层次的学习，光掌握知识成不了一名合格的程序员，但是没有必要的知识储备，一定成不了好的程序员。

这里又涉及如何进行知识储备的问题。

4.7.2　什么样的知识需要储备

第 1 类知识，是成为高手必备的基础知识。

很多人可能第一反应是，公司要什么，我学什么呗。然后搜一个前端招聘，出现如下的岗位需求：

（1）本科（含）以上学历，计算机相关专业，1 年左右相关经验；

（2）有较强的技术能力与较广的视野，对技术有强烈的好奇心和求知欲；

（3）JavaScript 基础扎实，熟悉 ES6、模块化开发和前端组件化；

（4）熟悉 Webpack 或 Gulp 等打包工具的使用，对新技术框架（Babel 或 Vue）等有一定的见解和实践；

（5）有一定的后端开发经验，熟练使用 Git；

（6）有良好的工作态度及沟通表达能力；

（7）有良好的学习能力和独立解决问题的能力。

看到这么一个岗位要求之后，很多前端人员像下面这么想。

第（1）条：关于学历，这个有就是有，没有就是没有，没什么可纠结和感慨的（至于因为这条考虑考个证书，不在本节讲述范围内）。

第（2）条：这条我符合，我没事就看看新的技术啊，像 Vue，React 和 Angular，甚至是 Node 我都接触过，安装个脚手架，用一个模块没啥问题，这个我符合。

第（3）条：JavaScript 我用好几年了，各种特效都能做，ES6 let、箭头函数都没问题，组件化不就是 Import 吗，我会。

第（4）条：哎呀，我没用 Vue 工作流写过项目，这个我没项目经验啊，我要不找个视频，写个项目吧，这个我欠缺，我得学学 Vue。

第（5）条：要不我学学 PHP？ Node 是用 JavaScript 写的，这个我应该学起来容易些。要不学学 Python 也挺好，这个现在很火（然后陷入了无限的纠结和尝试之中）。我缺少 Git，看来我得在 GitHub 上注册一个账号。

第（6）条、第（7）条：这两条我应该没问题。

综合起来一看，哎呀，看来我现在确实应该学 Vue 啊！

乍看起来分析得没错，但是仔细想想就会发现有很大的问题。

那就是忽略了基础！

如果认为 JavaScript 只是写写特效，ES6 只有 Let 和箭头函数，组件化就是 Import，那么你的 JavaScript 哪怕工作了 10 年也只是个初级水平。你的工作经验不是时间，是你掌握的知识深度和解决问题的能力。

如果你连基础的 JavaScript 面向对象都搞不明白，ES6 除了 Let 和箭头函数之外都搞不清楚，必然会存在两个问题：

（1）自然而然就会认为 Node 是用 JavaScript 写的，Vue 要学的也不过是用脚手架做几个小项目就算入门了。

（2）有这样的认识，你就是想学也不可能深入学习。

我说这些，并不是指所有学 Vue 的人基础都不好；而是说，如果只会或者只想学 Vue，无法成为一名合格的前端，更不要说成为优秀的前端了。

所以，第 1 类知识储备就是基础知识，基础知识是掌握那些"高级"知识的关键。当基础非常扎实的时候，就会对自己有个客观的评价，自然也就知道自己需要什么知识了，而不需要满大街的去找各种学习计划了。

第 2 类知识，是有助于突破职业瓶颈的横向知识。

当发现技术水平很难突破的时候，你可以有更宽广的视野，比如学前端的人再看看算法、操作系统、数据结构或网络原理，这些都会使自己对已掌握的技术有更深入的认识，而不是肤浅地认为：不就那点东西嘛。

4.7.3　获取知识的途径

1. 参加培训。

很多人抵触培训班，但是不能否认的是，培训班的很多知识都是通过实践总结而来的。参加培训班,是让学习知识最快捷最有效的方式(这里只是说学会基础知识,没说参加培训班一定会让自己找到工作,或者成为"大牛"),培训其实就是拿钱买时间,把自己本来需要几年学习的知识,通过一年甚至几个月获得。

2. 自学。

大部分人都没有时间或因为某种原因不去参加培训,那么自学就成了最主要的手段。

自学的第 1 种方式:看书。看书的缺点是效果慢,另外部分书中的例子很老旧。

自学的第 2 种方式:查看官网。官网永远是一种技术最权威的知识发布渠道。

自学的第 3 种方式:看视频。很多人硬盘里都有一套一套的视频,不过看这些并没有让大部分人的技术和工资水平涨上去,为什么呢?

还是因为很多人不知道自己是否已经学会,就算搞清楚了学会的标准,好像对自己也没什么帮助。就像告诉学车的人驾校的考试标准,他们也没办法通过考试。程序也是一个需要动手的行业,这里的动手指给你一个需求或者一个项目效果,你能够完成,而不是停留在关于数组有几种方法能对答如流一样,纸上谈兵没什么用。

4.7.4 如何获取技能而非仅仅知道知识

1. 更改学会的标准。

如何验证自己学会了?

(1)看完一个完整的视频,理解思路,尝试着自己敲,卡住了,复习卡住的部分视频。

(2)删掉原来敲好的,重新开始,继续敲,卡住了。

(3)重复(1)~(2)。

(4)直到流畅地写出为止。

2. 模仿。

（1）前期模仿一些简单项目，注意只练习重点学习的部分，比如想练习网易新闻的新闻列表，那么就不用关心他的数据交互或者用户登录是怎么实现的。

（2）中后期模仿一些通用的项目，如博客、商城，还有手机上安装的那些 App，统统模仿一遍。

3. 交流。

作为一名合格的程序员，要学会问问题和使用 Git。因为学会问问题才能得到对应的答案；学会使用 Git 才能够更好地与其他程序员交流、分享或讨论贡献代码，而这是以上 3 点里面最重要的一点，如何做到呢？

（1）花一些时间去尝试解决问题。遇到问题的第一个反应不应该是求助，也不是去百度，而是分析问题所在，尝试定义问题，解决问题。这是学习提高最快的方式。

（2）尝试解决无果，拿老师的课件和自己的代码使用对比工具对比。这里推荐一个 Diffchecker 网站，大家可以试试。

（3）尝试搜索。

（4）若搜索无果，尝试清晰地描述一个问题，是获得有效帮助的第一步，也是最重要的一步。可以去垂直的网站、QQ 群或者找"大牛"请教。多说一句，工作经验不是编出来的，而是每一次解决问题积攒下来的，所以一定要重视。

掌握了正确的学习姿势，再配上合适的学习计划，那么成为一名合格的程序员，就只是时间的问题了。

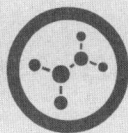

第 5 章

5 个问题帮你突破职业瓶颈

5.1 进入角色，突破基础壁垒

很多程序员，在上大学时学的并不是计算机，也不是软件工程，他们工作两三年之后，才打算进入这个行业。不少人问我："你觉得对于打算转行敲代码的人，最难的是什么？"我说："倒不是所谓的'技术基础'，而是心态。"

俗话说"隔行如隔山"，虽然大道理是相通的，但是具体到不同行业，具体到不同的阶段，该怎么想、怎么做就千差万别了。互联网行业最大的门槛，倒不是看起来像天书一样的代码，而是一旦进入这个行业，之前的很多想法必须改变。身为一个程序员，如果还抱着外行的思维模式工作，以后的路肯定走不长。

就像演戏，越快进入角色，融入状态，就越专业。

5.1.1 进入角色的首要法门：有关学习

这里不说学习的具体方法，也不谈路径，而是谈学习本身。

作为一名程序员，接到任务的时候，不要动不动就跟自己的主管讲"这个我不会"，而应问清楚具体要求，说"这个东西我可以学"。每天都有那么多的技术产生，如果你在一家处于上升期的公司，每周遇到的内容，至少有一半是之前从来没见过的。

虽然互联网发展很快，作为一名程序员也别总说"这个我不会"，这容易被人看不起。可以说自己查了多少资料，做过什么尝试，遇到了什么问题，想怎么解决，千万别摆出一副"我不会我骄傲"的心态，这样在格局上就输了。

关于学习，也别总想着"我学一门什么技术，就能一辈子衣食无忧"。选择了互联网行业，就等于选择了终身学习，这在其他行业有可能是句口号，但在互联网行业，就是实际情况。

技术水平的提升，跟学习也有千丝万缕的联系（除了学习方法，跟具体的阶段以及相应的心态也有很大的关系）。所有程序员都会碰到这样的情况：刚开始起步，好像每天都能学到东西，但是基本业务熟悉之后，就没有那种"每天都能进步"的充实感。问题可能不在自己，而是自己所处的阶段和客观规律。

技能的提升，有两种最基本的模式："中医模式"和"减肥模式"。

刚开始学中医，要从辨认药材开始，哪怕学了一年以后，也很难达到把脉治病的水平。刚开始几乎看不出来有多大的进步，每天多背一个药方、多认一味药材，也没什么及时的反馈，但是随着经验的积累，后期的进步会越来越大，毕竟前面打下的基础都已经融会贯通了。

而一个人想减肥，最有效果的时候，往往是刚开始的那两周，能明显发现自己脸变小了，身上的肉也少了。但是越往后，每减 1 斤都显得很艰难，需要过很久，才能取得一点点的进步。运动也是这样，拿百米跑来说，世界级运动员跟省级运动员，也就是不到 2 秒的差距，但这就是天壤之别了。

很多技能的提升，都是这两种基本模式的组合，比如敲代码。

一开始，在基础学习阶段，走"中医模式"，也没办法敲出来像样的项目，但是在工作之后，尤其是职场初期，会感觉自己进入了"减肥模式"——困难天天有，成绩看得见，每一秒都在快速成长。但是在基本业务熟悉之后，又进入"中医模式"，总感觉自己敲不好代码，又感觉不到自己的进步……如此反复。

这是一个正常的过程。如果对于学习过程中这些正常的现象，没有足够清醒的认识，难免会产生很多不必要的情绪，甚至做着做着就中途退出。尤其是身处"中医模式"的程序员，意识不到瓶颈是常有的现象，反映到做事上，就是缺乏耐心，急功近利。

5.1.2 · 选择了互联网，就是选择了一项事业

直至现在，我还不断地听到很多程序员抱怨：

"早知道自己要干这一行，当初就该报计算机专业。"

"要是毕业之后，选第一份工作能谨慎点，就好了。"

甚至还有人回想起童年的事情："要不是我小学数学老师，我数学也不会这么差，学东西也不会这么慢……"

先不说做一名优秀的程序员，跟数学学得好不好、大学学的什么专业，有多

大的关系，单凭说这些话的心态，境界上就矮了那么一截。如果抱怨能解决问题，所有人都有足够的理由：

"我小时候爸妈没有带我出过国，所以我英语不行！"

"我幼儿园不是在国际幼儿园上的，所以跟人沟通不顺畅……"

进入了互联网行业，就是选择了一项事业。我总说事业是一辈子的事情，有些选择确实会对一段时间产生很大的影响，比如选错了另一半或发生意外，但大部分人的某一次选择，还没有大到可以决定命运的程度。先不论事情好坏，把时间拉长来看，就容易把问题看得更深刻一些。

现如今早已经不是大锅饭的年代，公司的寿命已经比个人的职业生涯短得多，所以正确地区分"事业"和"工作"，能让人少走不少的弯路。

简单点说，事业对应的是能力，工作对应的是岗位和公司。

聪明点的程序员，不会让短期的工作影响自己长远的事业。公司、岗位、薪资待遇或福利年假，这些东西都是工作的附属品，也都是可以变化的，但是发展事业需要持续地努力。很多程序员因为工作上受了点委屈，错过了一次提拔的机会，就开始质疑自己"适不适合这个行业""要不要换行"，就得不偿失了。

着重于能力的提升，剩下的交给时间，事业的发展就不会走太大的弯路。

我曾经说过，程序员最大的坑，就是路边的风景；程序员最大的烦恼之一，就是选择太多。一个优秀的程序员，一定是耐得住寂寞的。这里不单指别人聚餐时自己却在默默地敲代码，而是面对整个浮躁的圈子，听着创业公司上市的消息，能按捺住内心的躁动。

程序员不像做销售（这两种工作各有各的难度），业绩上去了，立刻就能从当月的工资条上看出来变化，程序员需要持续不断地投入，才能维持在一个状态，加大投入，才有进步的可能。

都说程序员靠技术吃饭，本质上，技术这些都是能力的附属品。只有把焦点盯在能力上，才是做事业的心态。

手游刚兴起的时候，有客户来咨询，我建议他去一家创业期的手游公司，他很为难，说做到现在的位置不容易，手里的股票也没办法说扔就扔。我说："你现在已经彻底沦陷在了自己的'舒适区'，能力没有进一步的发展，我没办法保证这家创业公司能成独角兽，但你是数据可视化的专家，进入这个新兴行业，无论从行业趋势角度还是个人综合能力成长的角度看，这都是上策。"

他后来采纳了我的建议，虽然最后那家公司还是没做起来，但是独特的经历锻炼出来的能力，已经让他身价翻倍了。

5.1.3　最后一点：不要抱着过客的心态

刚毕业的程序员，或者刚入行的程序员，十有八九都抱着"先积攒工作经验，然后跳到一家更好的公司"的想法。这种"骑驴找马"的策略没问题，但是不要虐待那头驴。

很多程序员心想：反正我在这儿也干不长，差不多就得了。一两次临时应付倒也不打紧，要命的是这种"过客心态"，会让自己养成"马马虎虎"的工作习惯。

所以抱着"我干不长，没必要太认真"的想法，做起事来，肯定不会全力以赴，这其实就是精明过头，反而丢掉了最宝贵的东西。有程序员听到这个说法，还跟我计算："老师你看，我主要是为了积累工作经验去的，公司交代的活，搞那么认真也不给我多发一分钱奖金，对不对？"

职场中，外行与内行的区别，不是仅仅在于"看门道"还是"看热闹"，只有尽快地进入角色，迈过门槛，才能早一步开始积累。先上了船，再考虑头等舱的事情，而不是扒着船尾，从一个海港漂到另一个海港。

5.2　月薪2万元这个坎，怎么过

先解释一下标题，这里的 2 万元，不是指工资条上那个数值，而是你每个月能提供给公司的真正价值。

有人说，这不一回事儿吗？我提供多少价值，公司给我多少薪水——理论上，这是个公平交易的逻辑。不过职场就像菜市场，有时候是自己买贵了，有时候是别人卖便宜了。作为个人，固然有怀才不遇的情况，公司也有多花冤枉钱的时候。

很多程序员，把薪水跟自己的价值画上了等号。我有个学生，有一年跳槽了3次，工资嘛，跳一次涨一次。不过他究竟值多少，要我说，第一家公司给他月薪 12000 元，我都觉得公司吃亏。但他确实通过跳槽涨工资了，只能说明他的面试技巧到位，等有一天他发现，这不再是核心竞争力的时候，自然就会原地打转，甚至处境会更加惨淡。毕竟，公司会越来越聪明。

一个鸡蛋的价值，终归是有限的，你再精明，也卖不出手机的价格，所以还是要让自己真正值月薪 2 万元。对于很多程序员来讲，这还真是个坎，如果能迈过去，本质上，和其他人就是不一样。至于有了月薪 2 万元的价值，却赚不到等值薪水的情况，在如今这个信息社会也越来越少。要是真遇上了，再找一家能公平交易的公司，也不是什么难事。在这之前，还是好好想想最难的一步——怎么让自己值这个价钱。

月薪 2 万元这个坎，怎么过呢？

5.2.1　学会提问

校园时代，学习只有一种模式，即一本教材，N 本练习册，老师在台上讲，学生在底下听，学一段时间，还有相对应的考试，错了的题能反复地练。

在职场中这些环节都没了。理论上，所有的技术类书籍你都能买，网上的视频教程也都可以学，不过哪些真正该学，就没人告诉你了。理论考试变成了实际考核，任务交给你，就看你能不能胜任。既然规则变了，学习方式也就要跟着变，在工作中学习，遇到不会的、没见过的，免不了向身边的"大牛"请教，这时候决定你学习效果的，就是能不能提出一个好问题。

好问题，不是说多有深度，也不必多大。假如工作中，你突然张嘴来一句："你觉得以后互联网的趋势是什么？"周围人会集体沉默。相反，一个好的问题，应该是具体的。那要做到多具体呢？

1. 具体到能提高获得帮助的概率。

身在职场，大家手头上都有一摊子事儿，你上来就问一句"这个项目怎么做"，别人就算有心，也不敢帮你这个忙。难道你让"大牛"放下手头的事，从项目架构讲起，单独给你开 3 个月的小灶吗？

2. 具体到不给别人添麻烦。

有些"大牛"脾气好，但凡有人摆出一副谦虚好学的姿态，他就很难拒绝，哪怕那个人是"伸手党"。你一张嘴就是"导航菜单怎么写"这样网上就能搜到的问题，就算人家这次费了半天工夫给你讲明白了，下次你再需要帮忙的时候，在别人眼里，你就是个麻烦。在讲究效率的 21 世纪，谁不嫌麻烦多呢？

3. 具体到能体现你的诚意、主动性和智商。

这是最重要的一点，假如你问的问题通过谷歌或百度搜索在 5 分钟内就能解决，你可能会被贴上一个"不动脑"的标签，以后的日子就不太好过。

假如你清楚地说明，导航菜单写到哪一步，卡住了，卡在了什么地方，自己觉得可以用什么技术解决，但是效果不好，问别人是否能帮忙看一下。这样提问的效果自然就会更好。

所谓的诚意和主动性，就是让对方感觉到，你在提问之前，已经主动尝试过解决问题，但是想尽一切办法都没能成功，不得已才向他请教。这种"忙"，显得诚意十足，大部分人还是愿意帮的。

互联网行业，倒是没必要天天想着喝酒拉关系，但务必在提问的时候，站在专业的角度，让别人意识到，你值得被帮助。

5.2.2 提高解决问题的能力

很多程序员自嘲是"插件的搬运工"，偶尔也给自己辩护："不都说了嘛，不要重复造轮子。"

问题的关键，不在于是否用了开源项目，而是自己解决问题的能力有没有提高。就像一家公司买同行的产品，有的是为了研究、借鉴，从而做出更好的产品，而有的就是图省事儿，最后离了它就活不了。

初级的程序员（月薪 2 万元以下），只求在最短时间内把活干完，口头禅是"凑合能用就行"。想要突破，就要从"凑合能用"到"独立解决"，再到"用好几个方案独立解决"，最终比较不同方案之间的优劣，选一个最好的。

之所以称月薪 2 万元是一个坎，就是因为迈过去的程序员会想"Vue axios 为什么乱码？是因为自己没设置标准编码格式，还是因为它们返回来的东西不是标准 json 格式？"而且能根据自己提出的问题进行测试，进而解决问题。而被这个坎挡住的程序员，只会想"Vue axios 的例子有吗？如何实现一个 Vue axios 数据交互？"没迈过去的是从无到有，迈过去的是从有中择优，两者之间是质的区别。

对于同一个问题，能拿出多少个解决方案，是程序员水平的衡量标准之一。并不是背了很多知识点，解决问题的能力就上去了。如果这个荒谬的逻辑成立，那么在家专心背一年菜谱，明年是不是就能去米其林餐厅当大厨了？

5.2.3 提升复盘能力和学习能力

同样工作 3 年的程序员，能力会有天壤之别，很关键的一个因素，就是复盘能力不同。你看足球比赛或者 NBA 赛事，现场视频都是重要的资料。

具体到互联网行业，每次向"大牛"请教时，除了咨询具体的技术知识，最好多想一层"人家是怎么解决问题的？背后的思路逻辑是什么？为什么他一看，就知道问题出在什么地方？"

有些东西，确实要靠行业经验积累，短时间学不来。但是高手的思维模式，要尽量去理解，再问问自己："我能不能做到？"

工作中，总会遇到麻烦的事情，花点儿心思，总结一下，下次遇到类似的问题，就轻车熟路了。要是更有心，系统地总结一下，一个好的开源项目就出来了，捎带着还能树立个人品牌。

出了校门，在工作时间内不太会有大块的时间能用来学东西。而职业初期，一天中的大部分时间又都是工作时间。那么除了在工作中学会复盘，精进自己之外，还要学会用碎片时间来提升。如果人在职场，心态还留在学校，妄想着一天中能有两节自习课，结果就是"永远没时间学"。

抱怨现状能发泄情绪，但是不能解决问题，有很多"大牛"，也是在同样的环境里成长起来的。小孩子才会去追究责任，成年人该考虑如何实现目标。

月薪 2 万元的坎该怎么过？做到以上 3 点，相信不会太难。当然，这是自己能提供的价值，面试发挥得好，薪资多拿 20% 也完全有可能。在这个充满焦虑和竞争的年代，要分清主次，不要因为一时的估值而狂喜或气馁，毕竟，那都会过去。

5.3 35岁后的程序员，和别人比的是什么

在很多程序员爱逛的知乎，一直有一个问题很热门：

"程序员是不是个吃青春饭的行业？"

这一问题的变种有很多，相当一部分还限定了年龄：

"程序员过了 35 岁怎么办？"

"35 岁以后的程序员，出路在哪里？"

······

有时还会爆出"某知名科技公司清退 35 岁以上员工"之类的消息，热度又被炒起来。

把互联网行业里的人搞得人心惶惶，有的想转行；还有在校大学生，在进入这个行业之前，心里也会犯嘀咕："这个行业的职业生涯，是不是特别短？"

因为工作的缘故，我会去国外考察，他们大部分的程序员都是在 30 ～ 40 岁成为企业的中坚力量，当然不同国家的情况不一样。我们来聊聊，在国内，程序员年龄的这个"坎"，该怎么破。

5.3.1　新人和老人

探讨出路之前，先比较一下新老群体各自的优势。

新人刚进入职场，最不缺的就是时间。精力旺盛、学习能力强的新人几个月掌握一门语言，也不是什么新鲜事。此外他们初入社会，没有拖家带口，所以对薪水的要求不高。

要知道，在北京这样的城市，还有相当一部分程序员拿着月薪 8000 元的工资，这在企业看来，意味着成本低——不仅薪资成本有优势，而且管理起来也相对容易。

老程序员呢（这里暂时把超过 35 岁的程序员称为老程序员，完全是为了区别，无任何歧视）？掰着指头算下来，以上说的这几个方面，没一个占优势，在任何一个行业，提到"老人"，首先想到的，估计就是"经验"。

什么样的经验是新人没有的呢？我有位学生，毕业后在一家公司待了 8 年，满打满算，真正让他长本事的，就是刚进去的头两年，剩下的 6 年时间，都是在重复。后来他让我帮忙介绍工作，我问他有什么专业技能，他说："我切图和基础交互，还是挺熟练的，后台和设计都能做一点，但是不怎么熟……"

这样的"8 年经验"，比一个初级程序员也好不到哪儿去。

我的同学群里，也会时不时地抛出"程序员吃青春饭"的话题。我的大学班长说："程序员吃不吃青春饭，我不好说，我们公司里的 CTO，'夕阳饭'倒是吃得有滋有味——平时就看看手底下人的工作进度，出现什么解决不了的问题，提供一个思路，事情还是底下人做，每天自己的工作时间，就四五小时。"

我们班长说，要是他到了 40 岁也能混成这样，就心满意足了。为什么同样的年龄，有的人就能优哉游哉，有的人还在养家糊口的那根线上徘徊呢？

怎样才算是一个"能力和工作年限匹配"的老程序员呢？随着年龄增长，拿什么跟初出茅庐的程序员竞争，才能立于不败之地呢？

5.3.2　首要的是项目经验

这里的项目经验，不单纯指技术，更重要的是把项目做完、做好的能力。

做项目就像过日子，掌握技术就好比赚钱，搞清项目与技术之间的关系是很重要的课题：过日子，想获得幸福生活，除了赚钱夯实物质基础之外，还要考虑维护家庭关系、教育子女或锻炼身体等，甚至有时候这些因素的重要性，盖过了通过赚钱得来的物质水平。

有些学习能力强的程序员，认为只要天下技术没有自己学不会的，就代表着自己具有不可替代性。再次强调，技术只是完成项目的一个方面，况且一个程序员在多年的职业生涯中，需要完成不同类型的项目。公司当初招你进来，肯定是相中了你某些方面的技能，但要成为一个独当一面的人才，"某些方面"的优势，肯定就不够用了。

好比一位老司机，不见得在北京 CBD 附近开车能快得过外卖小哥，但老司机的价值，在于他不仅会骑摩托送外卖，还能开出租车，甚至开着拖拉机运粮食，不管是碰到什么路况用什么车型都能最快到达。

要知道，很多高中生的文笔已经相当了得，但是他们写不出传世的作品。不是才华的问题，是阅历存在短板，没成过家，没带过孩子，与作家相比他们的文字就缺乏底蕴难以引起共鸣。

很多才华横溢的程序员，痴迷于炫技术。把编程当爱好的话，自然无可非议，但站在事业的角度，编程是要解决实际问题的。与别人怎么配合，项目怎么推进，甚至在冲刺过程中团队成员出现了心理问题该怎么应付，这都是项目经验，都需要去经历，单纯地学是学不来的。

要想让自己不再年轻的时候依然有核心竞争力，那么琢磨下这句带点儿鸡汤的话："好好做每一个项目，它们都决定着你的身价。"

5.3.3 其次，团队方向性的把控

做事的层级，分为攻略、战术和战略。最初级的程序员，给一份攻略照着做就行，就像打游戏有一关过不去，上网查查就行。而作为经验丰富的老程序员，必须从战略、战术上去思考，首先要确保方向正确。我很佩服我第一家公司的 CTO，有很多同事去请教问题，他直接说："这个逻辑有问题，你不用再耽误工夫

了，这个想法我之前也尝试过，实现不了。"

一栋 200 平方米的房子，如果把其中 190 平方米规划成厕所，无论再怎么装修，住着都不会舒服。作为老程序员，你需要确保的是大方向是对的，要是工作了小十年，还经常在纠结某一个具体功能该怎么实现，只能说之前的成长还不够。

5.3.4 最后，就是你的解决方案

俗话说"家有一老如有一宝"，互联网公司也是这样。作为经验丰富的老程序员，在其他人没有解决方案的时候，要能提出方案；当其他人有方案的时候，要能提出来更好的方案；当其他人有好几个方案的时候，要能挑出来最合适的方案。

就像没有最好的计算机语言一样，方案也没有最好的，只有合适不合适一说。具体到某个项目，老程序员体现解决问题水平的地方，就在于快速选出最适合的方案，给团队节省大量的时间。

想要做到这一点，就需要在年轻时打好基础，工作的时候多问问自己：

"这个需求，是不是只有一种办法来满足？"

"这个功能，是不是只有这一种办法来实现？"

"这几个方案中，哪个方案最适合？它们的优缺点各是什么？"

……

这样长年累月地积累下来，你手中的解决方案才会变多、变得有价值。阿里巴巴的技术之所以厉害，就是每一个进入公司的人，在实现一个功能的时候，早有很多解决方案摆在那里，都是前辈智慧的结晶。员工们只需要先学，再进行比较和体会，技术成长怎么会不快呢？

程序员吃的是不是青春饭，并没有标准答案，就看他是否有意识地积累**项目经验，培养对团队方向性的把控能力以及记录手中握有的解决方案的数量和质量。**另外，互联网作为智力密集型行业，不会亏待有心人，而有心人的年龄也并不那么重要。

5.4　月薪超过3万元的程序员，都在做什么

刚参加工作的时候，有个问题我一直想不明白。

我身边的初级程序员，每天加班，马不停蹄地干活，一个月薪资才1万元左右，而我们的技术总监，看起来工作挺悠闲，基本不加班，凭什么一个月到手3万元，还不算年底分红和股票？

是不是他手特别快？别人敲一天的代码，他1小时就完事儿了，只是外人看起来很轻松？

还是他和大老板关系好？也就是说，那个位子，谁做都行？

今天，依然有很多程序员问我这个问题："那些一个月拿3万元工资的人，凭的是什么？他们平常都在处理什么工作？"

我想说的是，视角不一样了，做事方法也变了而已。本质上，就是这么回事。

5.4.1　从个人视角上升到团队视角

当时我也想不通，思来想去，还是私下请教了我们主管。他挠了挠头，说："这个问题比较复杂，要真说凭什么的话，我说不好。这样，我给你举个反例，你可能就明白了，那个位置不是谁想坐就能坐的。"

我问他："是不是技术得炉火纯青？"

他摇了摇头："不单指技术，我之前的一个同事，那是真聪明，3个月就能学一门语言。他跟我一天入的职，半年以后，能力上已经是个老员工水平了。总监挺器重的，有一次一块吃饭，就让他带几个新人。"

"后来呢？"我问。

他接着说："他想着这么难搞的技术，都料理清楚了，带人不是个事儿，就信誓旦旦地立了军令状，定了一个项目期限，后来一干，发现才不是那么回事。总监是看中了他的技术，他的自信也是因为技术。后来发现，他只有技术，其他的

什么都不行。"

我问道："程序员不就是靠技术吃饭吗？其他的还有什么？那能有多大影响？他是情商特别低，做事特霸道，还是老骂手底下的人？"

我们主管摇摇头，说："那倒没有，但是想把项目推进下去，得会管理、懂协作啊。你觉得这影响不大对不对？他当初也那么想，布置一个任务，团队里谁干什么、怎么干，安排得一塌糊涂，在他眼里自己技术最强，团队里有人出现了什么问题，他也懒得解释、懒得教，三下五除二，自己就解决了；有人找他反映问题、谈心，他也总是按照自己的想法，'啊？这也叫个事儿？你咋想的？'或者直接就是'你怎么连这个都不会？'坚持了一个多月，他又回去自己敲代码了。"

这次交谈我到现在还记得，也经常分享给身边的程序员，跟他们强调管理和协作的重要性。

可还是有程序员问我："老师，跟人沟通是我的弱项，我走技术路线行不行？"

管理也好，技术也罢，现代社会分工这么精细，靠一个人完成的事儿越来越少。就算想走技术路线，做项目的时候出了问题，需不需要沟通？合作配合不顺利，要不要聊聊？难不成还打算在公司里，一个人独自开发项目，一个人活成一个团队吗？就算开发你一个人全包了，要不要跟设计师沟通？写好了要不要测试？

不要求你左右逢源，起码要及格。如果想要向上发展，创造更大的价值，就需要突破个人视角，站在整个团队的角度去思考问题。成了家的人为什么整体上成熟一些？因为他不再是"一人吃饱，全家不饿"，学会了为整个家考虑，懂得在必要的时候，放弃个人的好恶。

我第一家公司的总监能拿 3 万元月薪，不是他敲代码有多快，而是他的存在，能让整个公司更有效率。怎么做？第一步，肯定要从全局考虑，而不是"我的活干完就行了，其他的概不负责"。

5.4.2　从技术视角突破到价值视角

程序员是靠技术吃饭的，但又不仅是靠技术。很多程序员陷入技术当中不能自拔，一点儿小事都恨不得写个程序——手里拿着锤子，看啥都像钉子。

想要月薪突破 3 万元，就不能再单纯地从技术上寻找突破，而要更深入地思考"我怎么产生更大的价值？"

技术是实现价值的一种方法，除此之外，实现价值还需要优化流程、合理安排进度、科学管理团队等。苹果公司的很多技术，也不是它自己原创的，但人家能够通过创造性地应用，做出来全世界流行的产品，某种程度上，这种方式的价值创造更有意义。

很多程序员相信"技多不压身"，但职场是讲究效率的，如果把思考怎么创造价值的时间，用来学一堆没有实际价值的技术，那就是浪费。有些人会想：管它有什么用呢，先学，万一以后有用呢？

这种观念，放在生活中可以，但是在职场就很要命。我们付出时间、精力，要讲究回报率，就像发射导弹，总不能成千上万地放出去，之后就开始祈祷：反正是朝着目标放的，万一能炸着某个重要建筑呢？

现如今，信息越来越透明，还有很多程序员跑来问我："老师，你说我该学点儿什么？最好是别人不会的，一招鲜吃遍天啊！"技术产生不了核心竞争力，你能搜到，别人也可以，但是你能用这些技术优化产品、创造价值，从而培养解决问题的能力。网上很少有这类教程，靠培训也很难说清楚。

而这一切的前提，需要你从全新的角度思考——我用技术怎么提高效率？如何创造价值？我看到一些程序员，用各种炫酷的技术，做了很多好看的网页，仅仅是因为好玩。而现实中的企业，大概也不会用这种类型，因为企业是要用网页实现价值的。所以想要突破，永远要提醒自己，是价值优先，并非技术优先。

5.4.3　从员工视角转到老板视角

有一次吃饭，服务员端上来的菜，有股酸酸的味道，我问他是怎么回事，他说："这个我不太清楚，我只是个端菜的。"

这样的服务员毕竟是少数，但背后的思维模式，却代表了很多人。

同样拿餐馆举例，负责买菜的人，只要买回来采购单上指定的，新鲜的木耳、肉和青椒就够了；厨师，必须做出色香味俱全的鱼香肉丝；而老板，要让顾客在这儿吃得爽、吃得痛快。负责的越多，主动性越强，自然收入也越高。

互联网公司也是一样，一个人能取得的成就，跟他有多主动直接成正比。如果非得要一个衡量一个人主动性的指标，那就是看他对多少结果负责。

初级程序员，只要把该切的图切好，按时交工，能保证这个结果就行；而主管，需要把几个人组织好，对团队提交的项目结果负责，出了问题，就是他的事儿；总监需要负责的更多，只要是出现问题，都是他的事儿。

所以一旦出了问题，下面的人可以想"我上边有主管呢"，或者是"上边还有总监呢"，而总监面对老板，只能说："没问题，有我呢！"

如果把自己负责的圈子画出来，一直在里边转悠，那么能力就没办法提高，薪水自然也涨不上去。看一个人靠不靠谱，就看他能不能做到**"凡事有着落、进展有反馈、衡量有标准、结果有回音"**。我之前的公司里，有个"聪明人"，做事情马马虎虎，一有时间就躲着休息，别指望他能主动要任务，分配到手里的活，也不问清楚，更不会去想怎么做得更好，口头禅就是："想那么多干啥！"稍微多做点事，就开始打算盘："做这个又不给我加工资，凭什么啊？给我钱吗！"她的发展前景，就可想而知了。

月薪 3 万元对于"大神"来说，也许只是一个起步，但是对于大部分程序员来讲，是一个值得奋斗的阶段性目标。想成为月入 3 万元的人，自然要明白这个位置的"大神"是怎么想的，否则单纯地朝夕相处，人家还是人家，你还是你。

职业发展很多时候不是一个斜坡，努力一天，就有一天的收获；它更像是上楼梯，某个时间点，"嗖"的一下就上去了，如果没到那个点，只能原地打转。而高段位的突破，不能再单纯地依靠技术，需要转换个人的视角，这不是件轻松的事情，用不一样的方式去大量实践，才会略有改观。

不过也有值得庆幸的一点——爬楼梯的时候，一旦上了一个台阶，没什么意外的话，很难再掉下来。

5.5 突围，在离手最近的地方

有人说，互联网行业变化太快，想学一门技术，还没开始，新技术就来了。

也有人说，这个行业要学的太多，做项目，有一半得靠自学……

都觉得在互联网圈混，压力太大，那么换种情况呢？

如果毕了业就进入一家公司，一干就是五六年，无论公司业务还是工作流程，都了然于心，技术水平足以应付老板要求，这样是不是就高枕无忧了？

之前来咨询的程序员里，就有这样一位。

他说："老师，要说刚入行那会儿，我觉得每天都能学到新东西，水平不高吧，但是有进步啊！现在干活没问题了，也学不到什么东西了，总这样下去，不行啊……"

我说："工作理顺了，更有时间给自己充电啊！"

他叹了口气，说："不是没想过自学，硬盘里，视频多着呢！看完教程，我就照着敲，效果也能出来，但就是感觉没学会、没学扎实，就想着再看个类似的教程……"

我接过他的话头："结果看完下一个教程，找个实际项目一做，还是做不出来，就接着找更多的视频？"

他点点头："就是这样。老师，我感觉自己被圈在一个地方，怎么都走不出去……"

这位程序员遇到的就是瓶颈，该怎么突破呢？

5.5.1 程序员的价值，在于能满足多少实际需求

有一次去一家公司做分享，碰巧看到 HR 在面试程序员，然后听到一位应聘者讲他在业余时间，研究了多少技术，这些技术多有前景、市场价值有多高。

旁边的技术负责人问他："在实际项目中，你用过这些技术吗？"

他说："啊……这个，我现在公司的业务，暂时还用不到，所以就还没有用过……不过，它的前景是有的……"

HR 接着问："那这些技术，你打算怎么用，来优化你之前做过的项目，或者我们公司的项目呢？"

他想了想，说："因为之前公司的业务，不太适合这项技术，所以我没试。至于咱们公司的产品，需要先多了解了解，再去考虑应用的问题……"

这位应聘者的问题，我在做线下分享活动的时候，在很多程序员身上都见过。

有一次我问台下的程序员："大家最近半年，在技术上有什么规划呢？"

有八成的人告诉我"想好好学一个框架"或者"用 Vue/React 完成一个项目"。

我接着问了一个问题："大家为什么要去学一个框架呢？"

这些程序员低头想了想，然后告诉我："因为市面上很多公司都在用吧！"

不少程序员都想着去学一门独步天下的技术，以为这样就可以驰骋职场、笑傲江湖。

关键是，这门技术能满足市场需求吗？能解决多少实际问题呢？

说白了，技术作为一个工具，有什么用呢？

你有大大小小十几把快刀，可是市场上需要很多拧螺丝的工人，你不能还蹲在那儿想：再去哪儿搞一把更快的刀呢……因为市场需求才是终极目标。

5.5.2 单纯的知识点，解决不了问题

瓶颈突破点没有找对，自然突破不了，而有人找对了方向，可还是一筹莫展。

我接触过的程序员中，小洪属于最努力的那一类人：

每次分享完，她都会把笔记交上来，可以说把我每次的分享做成了"文字版"。

我留下去的小练习，每次她也都是第一个提交，还在最后附上自己的问题。

她自己是个宝妈，在不耽误工作和带孩子的前提下，还能做到这份上，执行力自然没得说。

2019 年年前我做线下活动时，她告诉我，要换工作了。

我问道："下家找好了吗？薪水给多少啊？"

认识她 3 年了，如果按努力程度来领工资，她月薪绝对能拿 25000 元。

她有点儿不好意思："他们说给我 1 万元……"

没记错的话，我给她传资料的时候，看过她的学习硬盘，里面有几十 GB 的资料，她大部分都还看过，还做了笔记。

我当场提问了她几个知识点，对答如流。

才拿 1 万元？问题出在哪儿了呢？

这种情况，我后来越见越多，慢慢地瞧出了规律：

知识点背得滚瓜烂熟，一遇到实际项目，就傻眼了。

还是刚才那个例子，即便现在市场上不需要拧螺丝的工人，而是需要用刀的厨师，客户的需求也不是仅仅把一个东西切开，人家要的，是把土豆切成丝，把

萝卜变成萝卜丁。

所以，即便明白了自己需要提高满足需求的能力，但是只背很多知识点，依然是南辕北辙。

把菜谱背得再熟，跟炒出一盘好菜没有必然关系；

许多东西光靠"学"，是学不来的，是做出来的。

互联网行业，说到底还是个动手的行业，是一个解决问题的行业。

想想赵括在跟他爹谈兵法的时候，不也头头是道吗？

5.5.3　最好的突围，在离手最近的地方

我们一天至少要花8小时在工作上，而对于程序员，花的时间肯定只多不少。

既然程序员的价值在于满足市场需求，而非脑子中的前景幻想，那么最真实的需求，莫过于工作要求。

每个程序员敲的代码，看起来是上级分配下来的任务，而"上级"是老板雇来的，同样的，老板不过是市场的代理人。所以，不要再去幻想另外学一个改变世界的需求，有价值的真实需求，已经通过工作分配给你了。

有些程序员经常抱怨："我们公司技术不行，我倒是想提升啊，没机会啊，天天就是切图、打杂……"

非要别人安排给你才去做，也就只能打杂了，只要公司的产品还有一丁点可以优化的空间，那就是你提高自己的机会。至于做什么能提高水平，什么是机械劳动，大家心里还是有数的，我就不再啰唆。

工作给你的需求，通常无法一次性完事儿。

很多程序员在工作中马马虎虎，能搬几个插件就凑合一下，然后想办法腾出来点儿时间，去钻研所谓的"炫酷技术"，期待着哪天把技术学好了，就能大展宏图了。背后的逻辑，就是"准备好技术—解决问题"。

现实情况呢？

淘宝网的框架，就是一个"大神"写的。但是，它刚出来的时候，可不是这个样子，也得从 1.0 版本开始迭代。实际一运行，碰到什么问题，就快速解决、快速迭代。

问题解决了，技术也练出来了。

要想着提前准备好再做，一万年也没法上线。

与其幻想着学完某种技术会怎么样，它能解决什么问题，倒不如在工作中遇到了实际问题，去找对应的技术来解决。感觉技术不够用了，再去学。当年我学 PS，老师只教给我一些基本操作，就让我上手了。

我说："老师，我就学了这么几个命令，肯定不行啊！"

他说："是啊，我知道，遇到问题了你搞不定的时候，再问嘛！"

我说："为什么不系统地教一下，我记下来，时不时看看，然后遇到问题了翻翻笔记……"

他听得连忙摇头："太慢太慢太慢……去做，去做！"

很多程序员会想："我要学 Angular，现在市面上很火"。

但很少有人会去想：**"我怎么用 Vue，把手头的产品优化一下？""这个问题，是不是非要用 Vue？它比其他的框架好在什么地方？还有其他的解决方式吗？"**

程序员遇到的瓶颈，有相当一部分，可以靠手边的事情来解决。所以，**突围，就在离手最近的地方。**

第 6 章

7 个解析帮你走出思维怪圈

6.1 选择了互联网，是否就是选择了加班

每过一段时间，互联网圈总会爆出来"程序员猝死"的新闻，大概是"企业成功上市，程序员实现财务自由"之类的新闻看得太多，大家已经失去了兴趣，或者坏事总能"传千里"，因此这类坏消息就像离离原上草一样，春风吹又生。

之后呢？很多人恐慌一阵，然后继续沉浸在忙碌的工作节奏中，该敲代码敲代码，该找错误找错误，也没听说哪家公司因为程序员猝死的新闻，就宣布员工不用加班了。

加班文化在互联网公司盛行。程序员自己也调侃："选择了互联网，就是选择了加班"。

"加班"真的该是程序员的基本职业操守吗？

6.1.1 程序员真实的加班情况

有位学生曾经告诉我，在他们公司，加班是普遍状态。表面上是 6 点下班，HR 招他进来的时候也是这么讲的，实际上不到晚上八九点，没人敢走。

"公司章程里确实没写，但是晚上 8 点多的时候，你看着工位上齐刷刷的同事，真心不敢走。"

我说："你把事情都干完了吗？"他点点头："那我也得没事找事干啊，不光是我，看看别人吧，也都在那儿磨洋工。反正老板也不来我们这边转悠，他只要看着有人就行。"

我问他："万一老板心血来潮过来慰问一下呢？"

他说："后来不知道谁发明的对策，白天趁老板不在的时候逛淘宝、聊论坛，因为白天老板来得少；到了下班的点，开始正儿八经地干活，估摸一下工作量，八九点拎包走人。"

有的公司，更是直接把绩效和加班时间挂钩。

我之前的同事，刚进公司的时候，跟我们聊起他的"老东家"："每次绩效考核，我都是 70 分，但是别人都至少 80 分起。刚开始我还以为我交出去的活不行，就努力学，费心思琢磨，尽量保证又快又好地交付，但后来还是在 60 ～ 70 分徘徊。我追着 HR 问到底为什么，死缠烂打了半天，他才委婉地告诉我，是我每天走得有点儿早……"

除了公司制度不合理，有些加班，还真是项目需求——产品上线时间在那儿卡着，客户等着要。

看起来好像大部分程序员都处于忙着加班的状态。

难道真的是"选择了互联网，就是选择了加班"？

6.1.2　加班到底错在谁

有位程序员给我私信："老师，加班真的是好累啊，要不是为了还房贷、车贷，真的不能再干下去了……"

我问他："加班嘛，除了累的感觉，还有别的感受没有？"

他回答："还能有啥别的感受？一边干一边找吧，找家好点的公司，就没这么惨了。"

如果每天的"996"只换来一个"累"字，和工资单上面的几千元，真不值得。

前段时间他来咨询，我问他："还在原来那家公司吗？"他说换了一家，还是加班，但比之前那家有收获。我让他说具体一点。

他想了半天，说："主要还是技术上面的收获吧，感觉切图比之前要快一些、熟练一些了……"

一个工作了 3 年的人，拼命加班的收获竟然是切图熟练了……

用什么方法来加班，才不算是浪费生命呢？

6.1.3　加班3原则

虽然互联网圈的加班看起来是家常便饭，但是我也发现，并不是所有人都

"加班加没了生活"。我的微信通信录里，有六成的程序员每周加班不超过 10 小时。他们是怎么做到的呢？

1. 救急不救穷。

上面也提到过，如果是为了项目需求，偶尔加班也无可非议。但如果公司制度不合理，或者领导把加班当作常态，那么就需要好好考虑要不要留下来。

有的公司在面试的时候，HR 甚至直接就问："你介意加班吗？"

我的朋友就拒绝了一家有类似情况的公司的面试邀请，听说公司给他准备的职位还是技术副总监。我问他原因，他说，对方 HR 让他周六晚上 8 点，去公司谈谈。

我说："这又不是多大的事情，你去聊聊呗！"

他摇了摇头："你想，公司的 HR 在周六晚上 8 点还在工作，由此可以推断这个公司的工作节奏了，员工加班肯定是一种常态。要么是领导的安排不合理，两个人的工作交给一个人做，要么就是客户催得急，项目工期紧。我又不是职场新人，不存在能力问题，所以就没去。"

2. 按时薪和机会成本选择工作。

很多工作，乍一看薪资，月薪 18000 元甚至 2 万元，看起来挺高，但把加班的时间考虑进去，按每小时的薪酬来算，就没有那么可观。假如现在有两个工作机会让你来选：

（1）"996"工作制，月薪 2 万元；

（2）朝 9 晚 7，周末双休，月薪 18000 元。

有程序员算了一笔账：第一份工作每个月只需要多干 22 小时，就能多拿 2000 元工资，很值啊！

请细想，加班的每小时的价值连 100 元都不到，真的值吗？有的人可能会说："我反正回家也没啥事，多加加班，多劳多得嘛！"

看起来是如此，但朝 9 晚 7 的人，每天晚上回家，还有给自己充电的可能，周末还能拿出一天的时间学习提升；而"996"的人，每天到家都晚上 11 点了，一周就 1 天的休息时间，也就勉强处理一些生活上的事情，至于学习，更得另挤时间了。

3. 把焦点放在"技术成长"。

对于是否加班，进行判断时最需要关注的，还是对自己的技术成长是否有利。

如果加班的时间都用来做重复、基础的工作（例如切图），或者因为自己的技术问题，导致同事都走了，自己还留在公司"奋斗"，这就完全没有必要了。

至于如何判断对自己技术成长有没有帮助，具体情况不同，但本质是一样的。

如果原来不懂的，现在懂了；原来敲不出来的，现在能实现了；原来只能用一种方法的，现在有好几个解决方案了；原来只会用插件和函数的，现在能掌握原理自己写了，那么就是对技术成长有利的，应该多投入时间。

在互联网圈，没人能完全避免加班，但很多人不明白，自己属于哪种情况的加班——是被所谓的企业文化挟持，还是安排不合理，还是自己确实需要积累？用正确的方式对待加班，才是真正的捷径。

6.2 人工智能这么火，要不要凑热闹

总有人喜欢在网上搞一个投票，让大家回答类似"你认为哪种语言最好"，或者"你认为未来的趋势是什么"的问题。最近，有不少程序员给我留言："老师，人工智能这么火，我要不要去凑个热闹？"

这是一个看起来非常简单的问题，但问的人背后的心态很复杂：如果放弃现在的积累去凑热闹，有可能这门技术、这个细分行业发展不起来，也有可能自己虽然选对了方向，但是"看热闹的人"太多，竞争太激烈；如果静下心不去凑热闹，看着别人，尤其是看起来水平和自己"差不多"的人，因为一个英明的选择

飞黄腾达，而自己还在贫困线上苦苦挣扎，想吃后悔药都买不起。

问题来了：互联网圈最不缺的就是各种热闹，比如 2019 年人工智能领域就非常火，该不该去凑热闹呢？

6.2.1　所谓的风口，指的都是大概率分布

在任何年代，对于喜欢凑热闹的人，概率永远是最重要的参考指标，没有之一。我们比较熟悉的问题就是"这个行业的平均工资是多少啊？"或者"干你们这一行，一般多久能月入过万啊？"

风口也好，趋势也罢，说的是一个大概率。很多程序员嘴里的"红利期"，针对的也是大部分人的平均水平。小米品牌创始人雷军曾说："站在风口，猪也能飞起来。"问题是，起风的时候，凑热闹的人凭借大概率飞了起来，风停了，这个"大概率"同样会让他们摔下来。

不信可以参考现如今的出租车和快递员，曾经他们也在风口光鲜亮丽。而现如今进入这个行业，不出意外的话，发展会比以前困难很多。

要想避免被大概率操纵的命运，就需要足够"特殊"的理由，但对于那些把希望寄托在"凑热闹""赌运气"的人，做到这一点又很难。

我表弟曾经迷恋过炒股，大学毕业之后在家里待业了 3 年，坚信自己能凭借

"超凡的金融智慧"养活自己。假如他真的有这个本事，那是个人选择，别人无权干涉，但他为了炒股掏空了家里的存款。等到家里没能力供他继续折腾下去的时候，只好卷起铺盖卷跑到广东打工去了。

难道年轻人不该有梦想吗？

事实告诉我们，如果没有足够特殊的理由，那就该跟着大概率走。我表弟大学学的并不是金融专业，而是快到大四的时候，在找工作的压力下，选择了"全职炒股"，天天打听小道消息，买卖靠跟风，选股凭感觉。无论从哪个方面看，他都没有逃脱资本市场"七赔二平一赚"的基本概率。

每当提到这个概率，他就很不服气："我为什么就不能是那赚钱的10%？"这句话反过来讲也说得通："你为什么就不能是那不赚钱的90%？"没有足够的理由，就得受概率的摆布。而喜欢"追风口""凑热闹"的人，赚大钱的理由肯定不充分。

因为任何一个站得住脚的理由，都需要拿时间和精力来换。

这也就是我一通电话，就能把很多想创业的程序员劝回去继续上班的原因。在我看来，他们中的大部分人，没有摆脱"创业失败"这种大概率事件的能力和格局。他们之所以认为自己属于那幸运的"少数派"，不是因为有能力，也不是有业绩和资源，有的仅仅是一厢情愿的幻想和不切实际的分析。

6.2.2 比风口更重要的，是起飞的资本

有个学生曾经问我："老师，您说到底是'选择大于努力'，还是'努力比选择更重要'啊？"

乍一听，这个问题就像"对于婚姻，选一个对的人更重要，还是婚后努力经营更重要"，事实是，想要婚姻幸福，两者分明缺一不可啊！

再说了，"做选择"和"好好努力"，又不是鱼和熊掌。工作再努力，也能了解行业趋势，再忙，也不至于一周7天，一天24小时，愣是挤不出来时间浏览招

聘网站吧？

我想了想，说："即便有选择，做完选择之后，你还是要努力。这两点又不矛盾。"

他说："万一我换了个行业，或者换了家公司，同样的努力，效果不是更好？"

在改革开放初期，机会是很多，好像随便倒腾一点东西，就能发家致富。那个年代发家致富的企业家谈到自己的成就，总喜欢讲："我这个人没什么本事，就是赶上好时候了！"这就好比一个人常年跑赢大盘，然后告诉你："我不会选股，都是瞎蒙的！"

我们可以反过来想想，那个年代机会是多，可同样是创业，失败的人为什么还是比成功的人多得多？难道生在所谓的"好时代"，一辈子就不用努力了？要知道美国总统杜鲁门，在美国经济大繁荣的时候，还把一个杂货店给开倒闭了。在这种情况下，那些"风口""趋势"，又有什么用呢？

说到底，现如今，靠一个想法、一个选择改变命运的人，少之又少。有人说，靠选择买了一张彩票，中了大奖，这总算是"选择改变命运"了吧？

首先，买彩票中奖这件事靠的是运气，而不是选择，任何一个有数学常识的人，按照理性的方式买彩票，肯定是赔钱的。其次，有兴趣的可以看看，那些彩票中了大奖的人里，真正改变了命运的，到底有几个。

我以前有位"颜值在线"的女同事，见人就讲她当年被一个连锁店董事长追求的事。据说对方还给了她出国深造的机会，但是她拒绝了，后来很是后悔，好像错过了中 500 万元大奖的机会："你们说，当时要是答应了他，我出国留学，那发展起来还不知道什么样呢，肯定比现在好得多！"

且不说历史没有假设，单说这个观点——认为自己一辈子的成就在于具体某一次选择，就不怎么让人信服。这话说得好像谷歌创始人只要做出一个创业的决定，剩下的事情就能水到渠成似的。了解这家公司历史的人都知道，初期的谷歌在最开始生死存亡的几年，连续做对了十几个大决策，才有了今天的规模。

还有人说："老师，假如我去学 10 年 PHP，肯定发展不起来。这总是选择改变命运了吧？"

首先我说过，选择和努力都是成功的必要条件，非要把一个条件硬生生地砍掉，这是极端的做法。照这么说一个开发人员的成功，核心秘诀应该包括身体健康，因为生病的时候没办法敲代码，但这就是赤裸裸地抬杠了。

根据我的经验，选择了绝路的程序员，确实发展不起来。但更普遍的情况是，路对了，但是走得不顺畅，于是还总惦记着是不是有其他捷径，这才是阻碍程序员发展的主要因素。

再说了，PHP 都出来多少年了？有没有前途，需要用 10 年的时间来判断吗？

对于程序员，适应比预测更重要，经营比选择更重要，发展最终还是要靠自己努力。对于层出不穷的风口，比凑热闹更重要的，是起飞的资本。做事认真踏实的人，具备了起飞的资格，风口一来，自然而然地就飞了起来。

假如风口没来呢？

风口没来，他们过得也不会差到哪儿去，也许上不了福布斯排行榜，但过上富裕的生活是十有八九的事情。如果一个人只想着追风口，而没有起飞的资格，顶多能凭着胆子进入一个新兴行业，在大部分人涌进来之前占点便宜，等从业人数一多，风带不动了，就会落回地面。

很多人问我对"风口"的看法，我说，这就像马路边拦顺风车，搭上了更好，但也要保证自己走着也能到目的地，无非是慢一点。

6.2.3　起飞的资本是持续地创造

所有行业发展的早期，都会有"红利现象"——先来的那拨人，利用信息不对称，就凭我懂你不懂，价钱就这么贵。

最早那批前端程序员，享受到了这为数不多的红利期——仅仅懂一些 HTML

和 CSS，切两张图就能拿高薪，但仅限于那批人，也仅限于那一段时间。现在依靠这些初级知识，找一份月薪 8000 元的工作都难。

吴晓波在《大败局》里记录的最初靠炒股发家的那批人，就是因为入场早而赚了钱，但最终又很难持续辉煌。因为他们习惯了这种来得快、来得多的赚钱方式，很难沉下心积累核心竞争力，一旦风口过了，整个人就不好了。

最先做餐饮外卖的那批人赚到了钱，但消息总有人尽皆知的时候，不会因为他们干得早，就能把别人挡在圈子外。当年买了一套房，莫名其妙就变成千万富翁的人，也不会一辈子靠这种方式养家糊口。反倒是那些踏踏实实培养核心竞争力的人，生意越来越好，在金融危机的时候还贷款买了一套房。

因为核心竞争力，把想凑热闹的人挡在了外边，这才是真正的"壁垒"。

鉴于红利期的"掠夺式财富"，需要敏锐的眼光、极好的运气，而且还没办法持久，无法形成真正的核心竞争力，所以也就没什么好羡慕的。总有程序员让我帮忙介绍业务，说白了就是"接私活"。这种资源我手里并不是没有，但我不想用这种快速致富的方式，毁掉一个人的潜力。

对于程序员来说，"起飞资本"就是以技术为主的综合能力。虽然积累起来确实慢，但好在时间如果足够长，风没来，也能自己飞。

如果接一单私活就有几万块钱赚，谁都不乐意去研究数据结构和编译原理。可精力、体力走下坡路的时候，薪酬能靠接私活上一个台阶吗？

有位朋友问我："以后，是人才更值钱，还是资本更有优势？"

答案肯定是人才，因为谁在创造财富的过程中发挥了更大的作用，谁就能分到更多的羹。

在风口创造出来的财富，是运气给的，跟凑热闹的人没什么太大的关系。与其费尽心力去找下一杯羹在什么地方，跟一大群同样喜欢凑热闹的人去抢，还不如耐心地盯住一杯，尽力让自己分得更多。

6.3 平台满足不了我的需求，怎么办

在做线下咨询的时候，我经常被问到这类的问题："老师，我感觉自己在现在这个平台上，学不到什么东西了。平台满足不了我的需求，是不是要换家公司啊？"

刚开始做咨询的那几年，我会详细地问对方具体情况，记下来，一条条地帮他分析。被问得多了我才发现，提问的人可能心里已经有了答案，之所以还这么问，不是让我帮他找答案，而是找证据，好证明"平台确实不行，真得换家公司"。

6.3.1 职场是公平交易的地方，不是满足个人成长需求的慈善机构

我经常说很多程序员"人在 21 世纪，心在 20 世纪 80 年代初"。以前是计划经济，出了校门，工作都给分配好了；现在是市场经济，职场更是如此，共赢是合作的基础，交易是关系的本质。很多程序员不喜欢"交易"这个词，但只要在前面加上"公平"二字，光明正大，也没什么好害羞的。

你去菜市场买菜，老板给菜，你付钱，就这么一个简单的过程，不涉及任何道德理想。对于卖菜老板，只要你给钱，他不会关心你买到后做的菜肴好不好吃；作为一个买菜的，你没必要操心，老板的菜卖不掉的话怎么办。

一样的逻辑，到了职场，不知道为什么就变得那么复杂。

公司招人，本质上是用福利待遇交换了员工的劳动力。如果跟交易无关的事情非要放在这个交易平台上讨论，这就像去百合网注册了个账号，想让对方帮自己介绍工作一样，找错了地方。

有些人喜欢打着"上进"的幌子来掩饰自己的自私，虽然在学生时代，学生自己学知识需要老师和家长耳提面命，但是进入职场还带着这种思维，像要求老师一样要求老板，经济关系就搞错了。

学校里，你付给老师学费，对方教给你对应的内容；公司里，老板付给你工资，你要为对方解决对应的问题，而不是要求对方想方设法地"培养"自己。

不要总想着，怎么就是没有哪个有技术含量的项目让自己来练手呢？身边怎么就是没有一个"大牛"手把手地教呢？

这些都是自己要考虑的东西，跟公司真没关系。

有人说，职场就不能有真正的良师益友吗？一起为公司的愿景奋斗，不行吗？商业社会就没有一点人情味吗？

如果在职场发现了志同道合的人，大家一起做点事情，这是缘分。但话说回来，职场的主旋律是交易，在这个基础上才能谈其他。很多人偶像剧看多了，总觉得职场除了工作，还该有爱情、亲情、友情。事实上，别说在公司，你去楼下便利店买酸奶不掏钱试试，看能不能和便利店售货员谈理想？

交易的本质，追求的是公平，超越了本质去硬攀情分，就显得格外尴尬了。

看清了交易的本质，就不再会有太多的妄想，比如"公司刻意用项目培养自己""'大牛'同事带着自己稳步成长"以及"公司成了自己的家"。

6.3.2　有些需求，换多少家公司都满足不了

有人说："我们公司的人际关系太复杂，老板总是占用我个人时间，我需要自由，我需要活得有尊严。"

当他真的跳槽，到了一家新的公司后，大概率会发现人际关系还是那么复杂，老板还是布置一堆任务，公司制度还是那么不合理。大多数程序员，不会去想自己的需求合不合理，而是一如既往地走上老路：接着换一家公司。

这就像打游戏，遇到一关过不去，无论是请教别人还是上网查攻略，总得过去，而不是简单地换个游戏。好游戏多多少少都有难度，总不能说游戏行业不符合自己的个人需求吧？

有不少程序员问我：跳槽前最重要的准备是什么？我说是想好自己到底要不

要跳。"选择"和"经营"是事业发展的两条腿。我见过很多自身很努力却被公司坑了好几年的程序员,但是我见过更多选起平台来特别精明而做起来事情不耐烦、不会经营的人。从某种程度上说,不懂"努力经营"的人更危险。

有人的地方就有江湖,没有一家公司能让人方方面面都满意。所谓的努力经营,就是把不能改变的因素找出来,让自己接受、适应。你若就是一点都不能加班,那是跟整个互联网行业过不去,因为现实有这一需求。

选择了互联网,不一定就选择了加班、抛弃了生活。但一个接受不了变化、不愿意终身学习的人,还不断强调需要人带、需要更多的个人时间,这种需求,没几家公司能满足。

6.3.3　要是连正常的需求,公司都满足不了呢

换,立刻换;行动,大量地行动。

21 世纪,信息越来越透明,职场上的交易成本也越来越低。老话说"货比三家不吃亏",这条金科玉律对买卖双方都有用。

假如你有套房子,不知道该卖多少钱,很简单,多找几个渠道,跟十几个买家谈过,心里也就有底了。

有学生问我:"老师,您说万一我运气真的不好,从一个火坑跳到另一个火坑怎么办?有些事情你从网上查,或者面试的时候根本看不出来,只有进去之后才知道真相啊!"

刚毕业参加工作,不会选公司很正常,跳到坑里不丢人;即便换了一家公司,又没有看好跳到了坑里,这时江湖经验毕竟不够,也不丢人。但是在一次次选择的过程中,总得积累点什么,摸着石头过河,走得多了也得知道深浅。要是一个人在互联网圈工作五六年,甚至七八年了还害怕自己从一个火坑跳到另一个,那说明他缺乏对这个行业的基本认知和尊重。

至于在一个行业待了 10 年,还不知道该怎么选公司的人,趁着还有时间,还

是好好地思考下人生吧。

还有人问："老师，要是 10 家、20 家公司跑下来，就是没合适的，怎么办？"

我回答："那就是你需求不合理，肯定是自己的问题。"

来咨询的程序员喜欢问我："老师，你做咨询这些年遇到的程序员里，那些感觉平台没办法满足自身需求的案例，是自身问题的案例多，还是公司问题的案例多啊？"

我说："回答这个问题，没什么意义。概率就是概率，对应到每个具体的人身上，没有任何借鉴意义。哪怕有 999 个人都是平台选错了，到你这里，依然有可能是自身问题，还是需要具体问题具体分析。"

说到人才，人们总喜欢讲"良禽择木而栖"，能选择的前提是，你得是一只"良禽"。待遇和能力，总是以套餐的方式出现，最有意思的是不能单点。技术总监不会总拿主管的工资，但有不少程序员，只有初级工程师的本事，提的都是 CEO 级别的需求。

公平交易的天平，最终是要平衡的，想让那头的回报丰厚一点，能满足自己的需求，最好的办法，就是让自己这边的分量重一些。

6.4 我没有"大牛"带，技术提不上去

在细分领域开展业务的好处，就在于只要跟行业相关，只要是有价值的产品就都不愁商业模式。很多程序员刚来找我的时候，就是单纯地想补一补技术，线下接触的次数多了，才发现自己的很多问题跟技术本身不沾边。

最近我在一个学习群发起了投票：大伙觉得，技术水平提不上去，最大的原因是什么？

得票最高的那个选项，竟然占了总票数的 83%：没有"大牛"带。

看起来也算是合情合理，没有人带，不知道该学什么，也不知道该怎么学，学的时候出了问题，更不知道该怎么解决。互联网越来越发达，但自学对于程序员来说，仍然是一个"老大难"。还是那句话，这个问题跟技术本身关系不大，关键在于不同人的不同想法。

6.4.1 进入职场，学习的逻辑已经变了

哪怕进了大学，自由时间多了，学业压力小了，但学习方式还是没变：一门课发几本教材，老师在台上讲，学生在台下听，学完之后划一划重点，最后出一套题，看看都能考多少分。

进入职场之后，关于学习，除了名字，我们在学习中的角色、学习的方式还有要学的内容，跟原来统统不一样。很多程序员都参加工作 3 年了，还在用人生前 20 年的思维来处理当下的问题，肯定会不适应。

具体的变化，体现在以下 3 个方面。

1. 角色变了。

无论什么年代，学习本身都是自己的事情，但是在学生时代，学习被赋予了太多的东西，以至于主动学习的人，都被贴上了美德的标签。但进入社会，人的角色就变了，学习这件事回归到本来的面目，公司只关心自己的员工能出多少活，至于学不学、怎么学，公司不关心，也没义务。

有的程序员角色转不过来，面试时没经验，HR 问他："为什么选择我们公司啊？"他侃侃而谈："我是一个勇于突破、勤奋好学的人，所以我需要一个平台，积累工作经验，让我能学到点东西……"

上面那段话放到学生时代，那叫"好学"，但从公司的角度评判，就是纯粹的"自私"——说了那么多，都是你的需要，你能给公司带来什么呢？

既然角色变了，学习变成了自己的事，那么学习的目的就需要考虑清楚。学生时代，高分意味着好前程，至于具体代表什么，很多人其实并没有切身感受过。

进了公司，如果还是想不通为什么要在业余时间提升自己，无论有没有"大牛"带，水平都提高不了多少。

2. 学习的环境变了。

学生时代，每个学期都有期中、期末两场大考，中间还有数不清的小测验。而到了公司，所有的考核都变成了月底那张工资单，确切地说是绩效那一栏的数字，没有教材，没有大块的时间，更没有几十个人一起沉浸在安静但专注的环境里，这也就是为什么我们普遍觉得，自己高中的时候最努力，或者考研的时候最刻苦。

步入职场之后，我见过不少程序员刚开始也是胸怀大志，制订的自学计划天衣无缝，但一到实施，总是各种条件不齐备："晚上到家就太累了""就这半小时，也学不了什么东西，周末再说吧""今天正好女朋友生日 / 公司团建，事情再往后推一推"……

环境对人的影响，超乎想象，这更考验一个人对时间的把控和规划。

3. 最重要的，是学习方式变了。

针对所有的知识，通常情况下有 2 种学习方法：模仿和类比。

有的知识适合模仿，比如学英语，英国人平时都这么说，没有"为什么"，记住就行，模仿，记住，能用，这就可以了。会说普通话的人，八成也搞不清普通话背后的语法是什么，更不需要创造什么东西，东西都是现成的，就是这么个说法。

而有的东西，则需要了解原理，并在此基础上举一反三，这就是类比。比如学吉他，得知道每个音调怎么弹，然后慢慢地从简单的曲子开始，一节一节地练，等能力上去了，看到一首新歌，照着谱子就能弹出来，因此需要系统地学习。

具体到敲代码这件事，它综合了 2 种学习方式：对于基础项目，就去模仿；对于基础知识点，会用就行了；等两者都熟练以后，再去创造。

我见过不少程序员，抱着一本《高程 3》啃了几个月，效果还是不理想，最后连一个基础的选项卡都写不出来，这是学习方式错了。这就好比写作文，没必要抱着字典啃，先开始写，遇到不会的生词生字，再去查就好了。

很多程序员学 Vue 或者 React，都要从网上买一整套的视频，或者抱着一摞书回家研究。然而最有效的办法，是用项目任务驱动，项目里有什么样的需求，想想用 Vue 怎么解决，用原生 JavaSript 该怎么写，两者又有什么不同；而不是从头开始，像学生时代学物理或化学那样，从力的分析或分子、原子开始，如果事情都要这么干，建筑工人还要去大学学完结构力学和材料力学才能上岗。

正是因为"学习"这件事，在进入职场之后变了，所以很多不适应的程序员，期待着公司里有一位技术上的"大牛"，扮演曾经老师的角色——告诉你该学什么，有了问题可以随时问，学习方法不对，能在一边及时纠正。

很可惜，这种想法太理想化。

6.4.2　很多东西，"大牛"也带不出来

真正有价值的东西，用眼睛看不到；真正重要的因素，也没办法用感官去衡量，比如一个人的思维方式、性格、心理特点或经历等。

刘慈欣老师的《三体》里有个经典的情节：外星人朝地球发射了两个"智子"，能够监视地球上所有生物的一举一动，但唯一没办法看透的，就是地球人的内心。

朋友问我："为什么你觉得外面的培训机构，只能解决温饱问题，但是没办法解决发展的问题？"我说："他们教的，都是最简单的技术，但真正重要、决定一个人发展的，是技术以外的东西——就好比陆游的那句名言'功夫在诗外'。"

单纯的一个知识点，背几遍也背过了；想解决网页布局问题，就需要学很多知识点；而培养解决问题的能力，又需要一个人学很多的技术，并且在此基础上活学活用。一个人只有具备了很强的能力，才能在认知和思维上取得一点点进步。

这是层层递进的结构。一个会"三脚猫功夫"的小伙子，让高手指点 3 天，功夫就能往上蹿一大截，这并不是因为会了什么招式，学的其实是方法。再加上

时间的积累，这个小伙子肯定就能和别人拉开不少差距。

说回敲代码，跟着"大牛"不仅要解决具体的技术问题，还要多想一步：人家解决这个问题的思路是什么？资料都是从哪儿找的？涉及哪些方面的技术，需不需要补充到自己的知识结构里？

但凡多想一步，学得就深了一层。有这种想法和主动性的程序员，无论身边有没有"大牛"带，成长都只是时间问题。而想不到这一层的人，"大牛"想带，也带不出来。

6.4.3　需要"大牛"带，本质上还是一种被动思维

每个程序员在事业发展方面，都会遇到问题。喜欢用搜索方法解决问题的人，有句口头禅非常有意思："你不是第一个遇到这类问题的人。"

很多"大牛"也是在同样的环境成长起来的，所以技术水平提不上去这个瓶颈人人都有。通过观察一个人怎么解决问题，能看出来他的潜力有多大。而大部分人，选择了等、靠、帮或要的方式，所以经常说出一句话："我没有'大牛'带。"

我有个发小在老家送快递，正好赶上物流发展期，开了一家物流公司，别人都说他的运气好；但我知道，拉开与其他人的差距的，是他面对问题的态度。

他刚开始干快递那会儿，经常碰上收货人不在家的情况。那会儿还没有"蜂巢"或者"e栈"，有些快递员打不通收货人电话，看着保安室也没人，只会在那儿干着急；而他跟小区的保安混熟以后，要了每个人的联系方式，再也不怕联系不上干等着的状况。我曾经问他："要是真联系不上保安，你怎么办？"

他想了想："肯定有办法啊，比如问问物业公司在哪儿，或者让邻居帮忙代收，再不行放到楼下的便利店……"

大多数程序员习惯了"老师—学生"的学习模式，一旦这个模式跑不通，就卡在那儿，整个系统就"死机"了。而真正主动的人，会自动进化出一个新的程序，解决同样的问题。不可否认的是，身边有位"大牛"，学起东西来方便很多，但没有"大牛"，事业还要发展，技术还要学。把思维方式转变过来，才是突破瓶颈最好的办法。

6.5 程序员还谈什么个人品牌

记得我爱人刚怀孕那会儿，工作起来还是跟没事儿的人一样。我怕她休息不好影响身体，所以有时候办完手里的事，主动提出来帮她做点事情，好让她早点休息。她问我："咱们俩根本不是一个行业，你能干什么啊？"

我想了想，说："帮你做一点是一点，哪怕你把内容做好了，我来做PPT，总比你一个人快一点吧？"她斩钉截铁地拒绝了："不要，PPT我要自己做，没看过你做的PPT，我不放心，省得你坏了我的招牌……"

我只能干瞪眼。

话说回来，个人品牌其实对于任何一个职场人而言都很重要，但总有人觉得沾上"品牌"这两个字的事情，都很"虚"——比如大部分程序员。

程序员有一句经常挂在嘴边的话："我们是靠技术吃饭的"，言外之意——"除了技术，剩下的你别找我聊，我也不认，其他的能力在我看来都不算在'真本事'的范畴，也根本不重要，在 GitHub 上做分享纯属为了满足虚荣心。"事实真是他们想的这样吗？

6.5.1　个人品牌到底有多重要

第一，有了品牌，就会有"溢价"。说得通俗点，有牌子的东西，就是贵。

在商场，同样是洗衣机，哪怕各个技术参数都一样，一个是海尔，另一个是小作坊生产的，哪怕海尔的还贵 2000 元，大部分人还是愿意相信品牌的力量，购买海尔洗衣机。同样一个人在职场上时间长了，江湖中提到他，都是一片叫好声，这也竟未着这个人比同行优秀 1%，薪资上也能多出来 2 ～ 3 倍。

有的程序员说："老师，互联网圈大了去了，但是大伙儿熟悉的品牌，就那么几个而已。"其实这里也不要求大家做到在整个互联网圈家喻户晓，在公司内行不行？如果你正好在一个上千人规模的大公司里，一提到做数据可视化的人，大家第一个就能想到你，这相当于无形中多了 1000 个帮你打广告的人，对于今后的职业发展，自然有很多好处。

Facebook 花了 10 亿美元收购 Instagram 公司的事情，曾经轰动一时。被收购的 Instagram 公司当初只有 3000 万用户，而且员工也只有 13 个人，但关键是它专注于做图片分享，把这件事做成了品牌。一提到图片分享，大家肯定能想到它；而 Facebook 公司在这一块，又恰恰是弱项，所以在考虑收购对象的时候，自然会考虑到这个曾经名不见经传的小公司。

其实就在收购完成几周之前，Instagram 公司还只有 5 亿美元的估值。如果 Facebook 出 6 亿美元的价格，也完全有可能谈下来。但是作为图片分享这个细分行业的品牌公司，盯着它的不仅仅有 Facebook 公司，还有谷歌、微软等公司，万一被对手抢了先，后果不堪设想，Facebook 干脆多给了一倍的价钱，先声夺人。

根本的根本，还是在于品牌效应，否则，一个 13 人的小团队，很难从上万家硅谷高科技公司中脱颖而出。

第二，有品牌的好处还在于能高效解决信任问题。

按照传统的管理理论，下属对上级产生信任，需要下属被上级带领着连续打6次胜仗。对应到职场，你做好6个项目，需要很长时间，如果你有自己的技术博客，并且持续在上面分享真正有价值的开源项目，那么即便你睡着了，你的帖子也还在向所有人展示你的价值，这样得到的信任度比你说一万遍"我是个好人"要靠谱得多。

我曾经不太理解为什么要"擒贼先擒王"，"王"被擒了，剩下的那一拨人再推举出来一个，不就得了？后来我才明白，一个公司，如果某个位置流失了一个优秀的管理人员，那么这一位置的新人，无论是从内部提拔、空降还是外招，他与上下级之间的信任感都需要时间磨合。一个互联网公司的管理层人员跳槽，带走一大批下属的事情很常见，原因就在于这位"管理层人员"在其下属眼中"牌子硬，信得过"。

第三，有"个人品牌"的人，沟通效率高。

程序员中有相当一部分不擅长沟通，这些人在工作的时候，能自己做主就自己做主，能避免谈判就避免谈判。但人在职场，一个人是没办法完成整个项目的，所以大家一起合作的时候，与其去讲究什么沟通技巧，倒不如用实实在在的行动，把个人品牌立起来，获得同事内心的认可。

沟通不一定要用嘴，平时做事，一个人的风格是什么样的，其实相处一段时间，大家心里就清楚了。所以在一家公司，总能找到相对"靠谱"的人，提到他，大家都会说："事情交给他办，错不了的。"

我之前就有位同事，他有一个非常厉害的本事——不管什么问题，到了他手里都能解决。关键有很多问题，他经常也是第一次碰见，于是现找资料现学现用，就把问题解决了，以至于公司上下有了问题，都找他。

有的程序员会说："这可不行，我自己的活还没干完呢，这种'个人品牌'，不要也罢。"

首先，肯定要先紧着自己的活干，不可能耽误工期来给别人解决问题，这些大家都能理解。其次，现如今企业的寿命可比人短得多，哪怕公司都倒闭了，解决问题的人的路也注定会越走越宽。

6.5.2 如何构建自己的个人品牌

很多程序员一提到"个人品牌"，就想到在 GitHub 上写文章，做技术分享，甚至有人还想着去开公众号，甚至搞微博认证，实际上那都是细节。更重要的是，搭建个人品牌要秉持什么原则？

1. 标签化。

无论是在线上的博客、微博中，还是在线下的实际工作当中，搭建个人品牌的第一步，都是让别人记住自己，当然光记住一个名字肯定不够。我们之前就有一个同事，不知道从哪篇鸡汤文上看到一个方法，说是想让别人记住自己。准备用一年的时间，跟公司里所有的人吃一顿午餐。

听说他的执行力还挺强，不到大半年的工夫，把自己的名片，发到了所有同事手里，真正做到了"人手一张"。年底开总结大会的时候，他一上台，问道："大家都知道我的名字吗？"

只有一小半人勉强叫了出来，场面很是尴尬。

让别人记住你，并不是简简单单地记一个名字。这就好比去注册商标，如果起名为"空气"，这名字全国人民都知道，但你这个"空气"公司的具体业务是什么，有什么产品，规模多大，大家一无所知，这就不叫品牌。

在公司或者网上里提到你，大家除了记住你的名字，还要知道你做的是前端还是后端，擅长什么，有什么突出能力，这才算是个人品牌建立的第一步。千万别给自己贴一个负面的标签，尤其是对于程序员。我之前的一位同事，每次被测试人员挑出来一堆代码的错误，就非常谦虚地说："哎呀，我这个人就是马虎"。时间一长，别人都知道研发有个"小马虎"，领导提拔，也不会考虑有这样一个标签的人。

2. 获得高手的认可，让他们愿意为你"背书"。

很多名人出书，喜欢让"大咖"帮自己作序，这样书的价值就会被放大。

在职场中，自己认可自己，没什么意义，得让别人说你行。关键在于，要让说你行的人，自己也行。

刘备之所以三顾茅庐，在于有徐庶和司马徽的推荐。如果徐庶在给刘备当军师的时候，给出的谋略经常导致战争失败，就不会有后来白帝城托孤的事情了。

让高手认可的方法，是不是只有比高手还厉害呢？

肯定不是这样，毕竟年龄和工作经验在那里摆着，你要做的，只是比同等水平级别的人，优秀那么一点点。高手不会拿自己和你做比较，而是在看到你的能力后感慨一句："在年轻人里，这小子也算不错的了。"

做法有很多，我举一个例子。

请教一个具体的问题，其实就是展现自己实力、增强链接的好机会。在提问之前，做足准备，把问题的深度和质量都提上去，"大牛"如果说上一句"这小伙子不错，从他问我的问题就能看出来"，比自己说一万句都管用。

3. 最重要的，增强自己的"业绩能见度"

很多程序员相信"酒香不怕巷子深"，但现实情况是，同样香的酒，巷子口的店卖得就是比巷子里的多。在业绩一样的情况下，谁的"业绩能见度"大（也就是谁的业绩更容易展现出来），谁的胜算就大。

具体做法就是，用合适的方式把实力展现出来。

有些程序员总认为自己的代码是最牛的，但是在建立个人品牌的时候，要保持谦卑，本着分享的心态，让别人能从你这里收获价值。一件商品，用的人多了，就变成牌子；一个人，帮的人多了，名声就响。更何况你到底是真心帮人还是卖弄炫耀，大家一眼就能看出来。

本着帮助别人的心态分享，才是最好的营销方式。

程序员的事业发展，是一辈子的事情，除了技术能力，能一直带在身上的，就是个人品牌。换一家公司，薪资待遇、同事、老板和发展环境都会换，而个人品牌，会随着时间在一个人身上扎下根，持续很长时间。我们公司之前有个不大靠谱的主持人，已经从公司辞职了很多年，群里聊起来他的时候，还会有不少人问：

"他现在还忘词吗？"

6.6 先积累工作经验是否正确

有一次做线下分享，我在台上问下面的程序员："有多少人对现在的工作不满意的，举手我看一下。"刚开始大家都互相看看，还不太好意思，慢慢地，所有人都把手举了起来。我接着问："大家在选现在这份工作的时候，都是怎么考虑的？当初看中的，是哪一点啊？"

有人说："那时候哪儿想那么多了？刚毕业，先找份工作干着，积累积累工作经验呗！"很多人点头："对对对，就是这个想法……"

6.6.1 "积累经验"还是"养家糊口"

我相信不少程序员刚入行的时候，都有一个共同的梦想：用技术改变世界。稍微有点想法的，不会一开始就琢磨着混口饭吃，但时间长了，一考虑现实因素，难免忘了初心。

我有位学生刚在我这儿学完没多长时间，就用微信给我留言："老师，我要回唐山老家了。"我问他："前几个月问你，还说打算在北京大展拳脚呢，怎么这么快就变卦了？家里出事了？"

他赶紧摆了摆手："没有没有，就是老婆刚怀孕，家里边收入少了一半，我一个人月薪 9000 元的工资，实在是没办法养活老婆孩子。老家那边虽然互联网企业不多，但是亲戚介绍了一个公司，想开发自己的网站，让我过去。在老家生活成本还小，只要干着这行，多少还能积累点工作经验……"

　　我了解了一下情况，就劝他："你要去的这家公司是传统行业，为了顺应互联网趋势才设的这么一个岗位，你去那儿，公司八成就你一个懂代码的，能积攒什么工作经验啊？"

　　他想了想，说："技术上可能靠自学了吧。但是老师，生活总是柴米油盐酱醋茶啊，经验这块，能积累点就是一点吧，以后发展成什么样子，看自己造化。做得不好，我也不怨别人，这就是我的命……"

　　他的话"悲壮"到这个份上，我也不好再接着说下去。有多少程序员，认为只要有活干，就是在积累工作经验呢？手段和目的分不清，甚至本末倒置，就变成了为了创业而创业，为了工作而工作。到头来，不是一窝蜂似的跟风，就是在一个岗位上苦苦挣扎。

　　"人不能闲着"，正是有了这样的信念，"找份工作先干着""积累点工作经验"就变成了逃避决策的借口。想想也是，四处投简历，参加面试多麻烦啊！有个公司肯招就不错了，先别管自己要去哪儿，先上车，哪怕方向反了也得坐上去，见着人也好有个交代："工作啦！积攒几年经验，先历练历练再说！"

我一个高中同学去年滑雪摔断了胳膊，打了 3 个月的石膏，在家待着实在无聊，父母也总嫌弃他"什么事也不干"。他身体一好，立马找了一份工作——给一个不到 10 名员工的古董商城做网站。我问他："你去这样的公司，能积累什么经验啊？"

他无奈地两只手一摊："我也没办法啊！只要在家待着，我爸妈就老说我'老大不小了，也不找个正经事做'，我干什么无所谓，只要出来有事做就行。"

我说："那你也得花点儿时间好好找找啊，这是找工作啊，又不是上网买衣服。你面试了几家公司啊？"

他说："面了 2 家，就这一家通过面试了。我想赶紧结束在家待着的日子，先工作，其他公司都要求有工作经验嘛！我就先积攒几年工作经验，再跳槽。"

我说："你这哪儿是积攒几年工作经验啊，说白了就是出来避难的。"

通过这种方式积攒的工作经验，水分有多大，只有自己清楚。

6.6.2 敢不敢把自己经验里边的水分挤掉，拿出来晒一晒

有一次我爱人跟我说了她所在的公司里发生的这么一件事：

一个老员工在公司里不停抱怨："部门来了新人，主管喜新厌旧，就把我们这些老姐妹忘了，跟了她那么长时间，没有功劳也有苦劳吧？经验丰富的老人不用，偏偏让新人处理事情，看看，最近老出乱子吧？"

我听后问道："真的像她说的那样，公司放着有经验的老人不用吗？"

我爱人笑了："岁数大一点，资历老一点就是'经验丰富'了吗？公司里的很多活儿，随便找个新人教 3 个月，都能料理清楚。"

这话放到哪个行业都一样，很多程序员都工作 3 年了，还做着切图之类的基础活，除了动作越来越熟练，其他方面都没什么长进。想知道自己的"工作经验"到底有多少水分，做个"思想实验"就一目了然了。

假如一个新人，交给你来带，从刚接触工作到完全替代你，你觉得需要多长时间？

如果超过 3 年，证明你多少还有些不可替代性；如果少于一年、半年，甚至 3 个月，那就相当危险了。很多程序员第一次想这个问题时，答案都把自己吓了一跳，因为仔细想想，让一个刚毕业的大学生，达到自己的水平，也就需要一两年时间，可对着镜子看看自己，转眼间都是"油腻的中年人"了。

时间不能代表经验，平台更不能。别人问起来，自己说在大公司工作，也没什么可骄傲的。如果说自己干这行已经 8 年了，那么成绩呢？工作了 8 年，做过什么项目？出过什么产品？参与过什么事情？很多程序员到这儿就无话可说了，因为他们的工作经验"水分"太多，只是给了自己一种"我很有经验"的错觉。

有个技术"大牛"告诉我："一个程序员一辈子，有那么两三个拿得出手的成果，就已经很不错了。"这话我在一个编剧那里也听过："一个作家，一辈子创造出来一个经典的人物形象，就已经很了不起了。"

我有两个学医的朋友，同一年毕业，都进了医院，只不过一个进了我们市重点医院，另一个进了县医院。如果只是工作强度有差别、待遇有高低，没什么好说的，虽然几年下来，两个人都是"有几年的工作经验了"，但是其实两个人的状态都不一样了。

进了重点医院的那个朋友，天天忙得转，几乎每次都能遇到疑难杂症，时间长了水平也上去了；而另一个朋友，回家过年的时候一起吃饭，我问他："现在一天看几个病人啊？"他先是愣了愣，然后纠正我："你该问我：几天才能看一个病人。我们医院平时就没什么人去，说是 9 点上班，10 点才有人，下午 5 点半下班，4 点就没病人来了……"

同样的时间，不一样的分量。

6.6.3 经验该怎么积累

没人能一上来就知道自己要往哪个方向走。年轻的时候多尝试，没什么坏处，但前提是：自己还年轻。

有次我面试了一个快 40 岁的人，问他："简历上写了这么多工作经历，我大概看了下，涉及了十几个行业，这么长一段路走下来，能谈谈收获吗？"

对方说话倒是十分利索："我觉得最大的收获，就是自己并不适合之前尝试过的那些行业，可能对自己定位更清楚了吧……"

都快 40 岁的人，竟然还在谈定位问题。尝试这件事没错，但是最好不要用太多的时间来做排除法，这样积累经验的效率太低。

最好的方式，就是每一段经历，都对接下来的路有用。

有的程序员问我："老师，我又不知道最终要敲定哪个方向，怎么保证每一段经历都对以后的路有用啊？"

我说："规划不是计划，谁也没办法预测 3 年以后的事情，但是有些东西是可以预测的，也是万年不变的。刚开始的 3 年，养成良好的代码习惯，管理好自己的时间，培养团队协作和人际沟通的能力，这些肯定对以后要走的路有用。至于具体做什么，范围可以慢慢缩小，别今天做微商，明天卖保险，就不会出大岔子。"

最后说一点，互联网的程序员行业是一个讲究实战的行业，积累经验最有效的办法，不是一上来就学架构、学全栈，而是从手头工作的一个点，慢慢朝外扩散。就像盖房子，先学怎么搅拌混凝土、绑钢筋，再学怎么打地基、起柱子，最后再融会贯通，把图纸变成建筑。

无论身处哪个行业，有效经验都很重要，而怎么去积累，才是核心所在。是应付公事，还是脚踏实地，都会在时间的作用下，显示出本质的差距，变成本来的样子。

6.7 我怎么总是怀才不遇

我有位朋友编程十分厉害，但为人却十分低调，这在互联网圈可不常见，我问他是不是性格本来就这样，他给我讲了一个故事。

他刚参加工作的第 1 年，公司开总结大会，有一个环节叫作匿名互评——每个人都会收到一份来自其他 5 个同事的评价。把自己的报告拿到手里时，他看到一条"刺眼"的评价："每天总是一副怀才不遇的样子，太骄傲太张扬了，做人该低调。"

他说，虽然当时公司里的人，大部分他看不上，但在平时，还以为自己伪装得不错，哪儿知道大家都不傻，谁心里怎么想的，一眼就能看出来。我问他："现在回头看，还觉得自己怀才不遇吗？"

他笑了笑："信息社会这么发达，怀才不遇这种事，就是嘴上说说吧。"

根本没"怀才"，所以才"不遇"。

我有个学生，初入职场时也是年轻气盛，工作日志上写一句"此处不留爷自有留爷处"，就潇洒地"裸辞"。问他原因，他坚持认为"人才，绝对不能忍受非人的待遇"。问题来了：怎么验证自己是个"人才"呢？

不少程序员觉得，公司给自己的待遇太低，不公平，但我的好多朋友从一线互联网公司出来创业后，都说商业世界很残酷。有次喝茶，我就问了他们几个问题："成熟的大公司，每一个层级给的待遇都是定好的。假如一个主管一年 20 万元薪资，那这个数是怎么来的？为什么不是 19 万元，也不是 21 万元呢？"

细细一想，20 万元这个数字，是经过很多次打磨的"市场价"。菜市场的白菜 5 毛一斤，这是一个参考了很多因素，最后协调出来的一个价格，要是把价格定在 4 毛 9 分，卖家觉得亏；要是 5 毛 1 分，买家觉得贵。

对于人才，年薪给 19 万元，人家接受不了，就跑了；如果给 21 万元，公司利润达不到预期，股东又不高兴。

所以 20 万元这个数字，虽然留不住顶尖的人才，但是能选出来适合这一岗位的人，所谓合适，就是公司还能"用得起"且"不吃亏"。

一次有个学生找我咨询，他所在的公司给他 12000 元的月薪，他觉得自己被亏待了。等做完专业技能测试，我觉得他现在的水平不值这个价钱，但也没有直说，就提了一个建议："如果你觉得公司真亏待了你，就做好简历，在网上投一投，再从愿意给你 offer 的公司里选 5 家。它们给的平均薪资，基本上就是你现在能提供的价值。"

一个月以后，再见到我，他的"怨气"就少了很多："老师，看来现在工作是真不好找，我这个水平，最高才给到 1 万元，现在这家公司，算给得高的了……"

只有摆脱了"怀才不遇"这个误区，及早看清自己，才能早一步积累真正的实力。一边抱怨一边干活，把每一行代码都敲进点"不开心"的情绪，这对公司和个人都不好。

有人问："老师，就真的没有水平很高，但是被平台耽误的程序员吗？"我说，肯定有，但是先看自己是不是下面列举的 3 种情况，再问这样的问题比较好。

6.7.1 你不是唯一，只是"之一"而已

谁都知道，离开自己地球照样转，但有的程序员觉得公司离了自己，就会遇到麻烦——小宾就是这样被现实打脸的。

他毕业之后就进了一家公司，工作也算勤勤恳恳，很受领导器重。每到开会总结的时候，领导还经常当着所有人的面夸他："要是没有小宾，项目指不定会乱成什么样呢！"

后来公司发展起来，陆陆续续招了新人，领导没有之前那么器重小宾了。时间一长，又快到年底，小宾觉得有必要突出下自己的重要性，索性请了一个礼拜的病假，等着公司给他打电话。

他后来跟我讲："老师，我以前真觉得，很多东西都是我做的，没了我真不行。那一个礼拜我在家待得都快抑郁了，把《权力的游戏》整个看了一遍，还是没人找我，回去之后才发现，公司照样运转、照样赚钱……"

我说："你没那么强的不可替代性，你不是你们公司那个"唯一"，充其量就

是个'之一'"。越是标准化的企业，个人的不可替代性就越弱。肯德基凭什么这么强悍，就是因为底气足——哪怕一个店的员工集体辞职，也能马上从其他分店抽调足够的人手。

这个时代基本不存在公司离开谁就倒闭。做不到绝对的唯一，但还是可以尽量朝这个方向靠，离"唯一"近一些，离"之一"远一些。

6.7.2　把本职工作做好算不上有才华

咨询的时候，我偶尔会听到这样的抱怨："我每次都能按时交活，敲出来的代码错误也不多，工作了这么多年，都没有给我升职，凭什么啊？"

我一般会回答："这样的标准，已经对得起公司给你开的工资，但是离升职，还是差点儿火候。"

一个人如果业余爱好是炒菜，给朋友炒了一桌子色香味俱全的美味佳肴后，被夸赞"这菜炒得比饭店也不差呢！"这也值得发一次朋友圈。但如果本身就是个专业厨师，别人夸赞"炒得比饭店也不差"，就是句废话了，没有任何意义。

同理，做好一个程序员的本职工作，可算不上"有才华"，自然也就谈不上什么"怀才不遇"了。

算得上有才华的人，都能把事情做出巨大的差别。

有句话是这么讲的："你遭到嫉妒，说明你跟别人拉开的距离不够大；当你飞得足够高，别人就只有仰望的份了。"

《倚天屠龙记》里别人夸灭绝师太"剑法天下第二"，任何一个"上进"的武林人士被这么夸赞，都得问一句："那你说天下第一是谁？"

灭绝师太倒没有，还美滋滋地接受了，因为她知道第一是张三丰——没办法，差距太大，第二也很不错了。

平时比别人早到一点，晚走一点，工作稍微仔细一点，代码里错误稍微少一点，那只能算"数量上的差距"，顶多是大芝麻和小芝麻之间的区别。想要脱颖而出，需要在数量级上有差距：别人干一个星期的活，自己只需要 2 天甚至 1 天，这就是西瓜和芝麻的区别了。

小公司想跟大公司竞争，也得聚焦在一个细分领域甚至一个产品上，然后做出数量级的差异。当 Facebook 刚起步的时候，谷歌的 Orkut 已经有上亿的用户了，但是后者的产品功能只有上网交友、发帖子。如果 Facebook 不在产品上设置更多的功能和服务，只是在发帖子或者把帖子做得更漂亮一点这些不重要的细节方面敲敲打打，那么根本没办法"弯道超车"。

6.7.3　以单一的维度盯着别人的缺点，算不上有才华

程序员是靠技术吃饭，但如果所有事情都用"技术"这一个维度来衡量，很容易带着偏见看人、做事，最终结果，就是心理失衡。

《笑林广记》里有个故事：一个聋人，过年的时候看别人放爆竹，觉得特别纳闷——好好的一个纸筒，一下子就散开成一个卷，这到底怎么回事啊？

很多程序员也抱着"技术决定一切"的眼光，来评判身边的人和事情："还产品经理呢！一点代码上的事都不懂，瞎指挥！""销售嘛！就是喝酒拉关系，别的啥也不会，有什么真本事！外行人凭什么来指导内行？瞎捣乱！"

只盯着别人的缺点，对于外行人来讲，是用技术来彰显优越性；对于同行，就是"挑刺"。

经常见程序员带着不屑的口气，谈论比自己水平高的同行：

"我们主管敲的代码，有时候还有错误呢！"

"他就算比我强，也不是'大牛'啊！"

"就算他比我厉害，他比得过 ××× 吗？"

别人的水平低，是别人的事。就算能看出来别人水平不高，也说明不了自己就是高手。

还有一个故事是这么说的：同学聚会时聊到工作，A 说："我挣得多。"老王

说："我有个好身体、好心情。"B 说："我在朝阳产业，未来有发展。"老王说："我有个好身体、好心情。"C 说："我们公司规模大、稳定，福利待遇好。"老王依然说："我有个好身体、好心情。"

这时候做保安的小赵说："我也有个好身体、好心情。"老王默默地说："我比你赚得多点。"

就像朋友说的，21 世纪，"怀才不遇"这类现象，已经和濒危动物一样快要绝迹了。下次再感叹"怀才不遇"，除了去网上看看自己到底价值几何之外，不妨告诉自己："先'怀才'，再考虑'遇不遇'的事吧。"

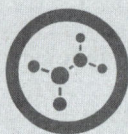

第 7 章

10 个故事帮你避开职业发展的大坑

7.1 你的焦虑，不过是缺了方向的努力

互联网人的职业问题，很像一个人得了病。症状有很多，千丝万缕，绕在一起。

想要解决，需要抽丝剥茧，找到根本原因，判断出哪些是主要症状，哪些是并发症。在遏制并发症的前提下，下猛药"治本"，一切就都能好起来。

找我咨询的程序员，"职业并发症"的类型很多：工资少、自由时间不够、团队不规范、加班太多……根本原因，则各有不同，小 Y 就是比较典型的一个。

小 Y 2014 年毕业，参加校招后进入了一家大公司，一干就是 4 年。用他自己的话说："职业问题没能解决，反而更严重了。"

他来找我那天，简单寒暄后，我们很快进入咨询正题。

我："能不能简单说下现阶段的问题？"

小 Y："主要是我爱人怀孕了，经济压力比较大，想跳槽。"

我："在业余时间上网看过其他的平台，或者参加过面试吗？"

他咬了下嘴唇，苦笑一声："连着面试了 3 家，技术不行。一个之前的同事倒是介绍过稍微靠谱点儿的公司，但是那是家外包公司，不想去，高不成低不就的，尴尬。"

我："可以说，你现在想换个平台，但是卡在了技术上？"

他点点头。

我："那你有没有一个阶段性目标呢？比如利用多长时间掌握哪一块技术？"

小 Y："我想好好学学 Vue，原本计划着每天抽出一到两小时来学，没能坚持下去……"

我："工作强度大，到家就很晚了，没精力对吗？"

他摇了摇头："刚开始还行，结果要么亲朋好友过生日，要么单位搞团建，有时候也是因为加班……所以到现在也没能好好地学一门技术。"

现如今网上课程很发达，照理说，想学习技术，尤其是成熟的技术，并不是一件难事；但根据我们的案例库，适合这种网课学习方式的人，不到 20%。

这么小 Y 又说:"要是团队里有'大牛',一边做着项目,一边带带我,也行。但我们是家小公司,各种不规范,五险一金都不齐,更不用说什么技术沉淀了。所以我现在特别想找一家真正能让我用到技术、学习技术的公司……"

我:"学习技术还好理解,能不能说说'用到技术'是怎么回事儿呢?"

说到这一点,小 Y 才像是想起来一些事情:"哦,对了,这是让我最头疼的事。虽然我是科班出身,公司招我的时候,说的也是让我做前端,但是进来之后,就变了。刚开始我以为,新人从杂事做起,很正常,也没说什么。可是后来公司还是一直让我做着一些不痛不痒的活。在我的强烈要求下,公司偶尔也让我切图,有时候还让我处理图片、编辑文案,这种状态,一直持续到现在……"

短短二三十分钟,小 Y 的现状描述那一栏已经被记录得满满当当:

- 工资少,经济压力大;
- 想跳槽,技术不过关;
- 制订了学习计划,没办法落实;
- 公司小,发展空间小,不规范;
- 没有技术"大牛",没有流程、技术沉淀;
- 技术没办法进步,工作岗位边缘化……

说完了具体问题,小 Y 停下来喝了口咖啡,肃然正色地一字一句说:"老师,我现在感觉,迷茫,焦虑,完全看不到希望,我想努力,但有劲都没处使……现在技术进步这么快,每年都有这么多新技术出现。上周去参加同学聚会,感觉……自己要被淘汰了……"

又多了一个迷茫或者焦虑的问题。

没有经验的咨询师遇到这种情况,往往头痛医头脚痛医脚,忙前忙后,费了不少时间,效果还不好。

我脑海里把小 Y 的问题描述迅速过一遍,先安抚小 Y 的情绪,控制住他的"并发症":"刚才你说了很多问题,证明你对自己的现状非常了解,并且反映了你积极向上的心态。现在咱们来挨个梳理下你的问题，看看真正的'症结'在哪儿好不好？"

他木讷地挠挠头："是不是我问题太多，算是病入膏肓了？"

我摆了摆手："如果我现在只给你一个实现愿望的机会，你打算实现哪个愿望？

（1）薪资水平上涨 30%；

（2）立刻多掌握一门具体技术；

（3）得到一个能落地、实操的学习计划；

（4）公司派来一个'大牛'跟你做同事……"

我第五条还没有说出口，他斩钉截铁地说："我要一个计划，一个能执行、有效果的学习计划。"

还没来得及问他原因，他自己就开始解释："现在最让我难受的，是我看不到希望，不知道这个状态要持续多长时间，三五年之后，自己会不会还是这个高不成低不就的样子……而一个完整的成长计划，让我知道每个阶段什么该学、什么不该学、该怎么学、学了以后能怎么样……"

我接了一句："对于程序员，学对比学会其实是更重要的，那么决定要学什么，关键是看我们要走哪条路，而我们要走哪条路，取决于我们的目标是什么，你现在有个清晰的目标吗？"

小 Y 想了想，试探性地问道："半年之后月薪一万五？"

我纠正道："这只是个外在的指标，跟内在的目标是不一样的，你现在可以试想以下几个问题。

（1）以后要专注于哪个细分领域？

（2）技术水平要达到什么层次？

（3）要走管理路线还是技术路线，背后的价值观是什么？"

听到这儿，他说道："老师，怎么确立自己的内在目标呢？总不能我怎么爽怎么定吧？能不能达到目标另说，关键是……适不适合我呢？"

我说："内在的目标，和你的职业价值观、职业兴趣、职业基因等一系列因素都有关系，需要一系列专业的测试，你现在清楚自己的主要问题了吗？"

小 Y："我其实需要的是一个长期的、能操作可落地的学习，哦，不对，是成长计划。"

我："刚才我也说到'内在目标'和'外在指标'是完全不一样的，只有把你的内在目标定下来，成长计划才能有的放矢。如果连去哪儿都不知道，就开始计划坐哪趟地铁，根本没有意义。你现在最需要做的，是明确自己的职业目标；目标明确了，是不是就知道该怎么制订计划？"

小 Y："对。"

我："解决了这个主要矛盾，技术实力是不是就能以最快的效率提高？"

小 Y："嗯。"

我："跳槽会不会有阻力？能不能选择一家规范、有'大牛'的公司？"

小 Y："自己准备好了，机会应该不难找。"

我："把薪资提上去，经济压力是不是也能小一些？"

小 Y："对，而且公司肯定不会再让我去做一些跟技术不相关的业务了。"

接下来，我开始探寻他的内在目标：

"能不能谈谈你对这个行业的认知？"

小 Y 说："从行业的角度，互联网还是挺不错的，暂时不会想着离开。"

我说："敲代码这件事，现在做着还有兴趣吗？"

小 Y 跟我打了个比方："好比玩游戏，偶尔玩一下，感觉还是很有意思的，但是天天让你玩，并且还要规定一天要完成什么样的任务，再好玩的游戏，也受不了吧？"

我解释道："任何一份工作，不可能靠激情坚持到最后，你产生这样的心态，我也很能理解。"

小 Y："现在这份工作对我而言，就是工作而已。至于价值观、兴趣或者其他什么方面，谈不上多有使命感，但是也说不上多讨厌。"

我："对于现在的公司，你的感受是什么呢？"

小 Y 挠了挠头，说："毕业之后就一直在这家工作，其实不满意的地方还是有很多，刚才也说了一部分。除此之外，我倒是觉得其他方面的问题，比如工作方式、流程制度等，都还能忍受，虽然也不太满意。"

我："如果不从整个公司的层面谈，单就这个岗位，你最不满意的地方有哪些呢？"

他："还是没办法用到相关技术，而且下个月我要被派出去，去调查用户的需求，就公司产品经理和我两个人，形式上就是在大街上发调查问卷，感觉跟技术就更没什么关系了。"

我："有没有想过，用 3 个月的时间，利用业余时间，把自己的技术水平提高到什么层次呢？"

他的眼睛瞪大一下，打开了话匣子："老师，这是我一直在考虑的事情。我在面试的时候，有种感觉，就是自己的 JavaScript 基础这一块，还需要好好夯实，但是现在 VAR 三大框架这么火，我之前只是简单地了解了下 Vue，没怎么深入研究过，更谈不上什么实际项目的操作了。你说我要不要找个项目，然后用 3 个框架都写一遍……"

我及时地打断了他："这个是具体实施方面的事情，咱们现在要确定的是你内在的目标。我发现你对自己的核心竞争力非常有想法，也感到自己在这方面有些欠缺……"

小 Y 一个劲点头："不是有些欠缺，是特别欠缺。"

我说："那么接下来，咱们可以做一些'核心竞争力测试'和'优势维度测试'，看看你适合用什么方式来打造自己的核心竞争力。"

一刻钟后，测试做完，我已经了解了小 Y 的内在目标——"夯实 JavaScript 基础"和"尽快掌握一个框架的实战项目"。

我说："咱们可不可以把'JavaScript 基础夯实'和'尽快掌握一个框架'当成阶段性的内在目标？"

小 Y 有些犹豫："这得需要多长时间啊？ 3 个月怕是不够啊……"

我说："先不考虑具体周期，这次咱们把目标定下来怎么样？"

放下了这个担子，小 Y 说："要是能达到这个目标，哪怕用一年的业余时间，都可以。"

我说："现在确定了这个目标，制订方案，就是下次的事情了。"

小 Y 拿着自己的综合报告，说："老师，不瞒你说，之前我每天到家，躺到床上，总是被这样那样的问题搞得睡不着。现在明确了主要问题，也定下了主要目标，虽然方案是下次制订，但是主心骨有了，心里就踏实了很多。"

通过这个案例可以看出，通过咨询和问题来锁定焦点，从而梳理现状的脉络，才能探索出当下最主要的问题以及相应的解决方案。只要能找到根本问题，所有的表象，都将迎刃而解。

7.2 这样找工作，相当于去北极找企鹅

很多程序员来做咨询的时候，其实并不清楚自己真正想要的是什么。

或者按照他的行动，根本达不到预期的目标。

在所有的咨询案例中，小 H 给我留下的印象非常深刻。

她的苦恼，很大程度上，不是由于自己不努力，而是太努力了，导致没有多余的力气，选一个正确的方向。

这种情况，最可惜。

认识她，还是在我们服务号的后台。很多学员买了我们的线上课，但根本没有挨个去看、去学。时间紧是一方面，更重要的是，"囤课"不知道在什么时候，已经变成了一种缓解知识焦虑的手段。而小 H，把她买的每一节课都一秒不落地看完了，还做了不少笔记。

第一次找我，她直截了当地说："老师，我需要一个 React 的学习计划。"

我先从"外围"了解她的情况："工作了多长时间呢？目前的岗位和工作内容是什么呢？"

小 H 秉持着程序员特有的务实，说："老师，我就需要一个 React 学习计划。"

完全不按套路出牌啊！

我尝试着反问："能不能告诉我，你为什么要学 React 呢？"

小 H 言简意赅地回复："我去网站上看了看，这一块岗位需求比较多。"

我说："那你有没有梳理过自己的需求呢？"

她说："恩，我需要一个 React 的学习计划。"

没办法，这不是在线上三言两语就能解决的问题，况且她还这么执着，所以我与她约好某日见面详谈。

见面那天，小 H 还是一上来就直奔主题："老师，您觉得 React 该怎么学呢？"

我解释道："要想明白这个问题，得先知道你为什么学这个框架，仅仅因为市场上的需求旺盛吗？"

小 H 想了想："还应该有什么别的原因吗？"

我说："任何一个计划，都不能脱离了执行者而单独存在，这一点你认可吗？"

万幸，她点了点头。

我接着说："你既然想学 React，总要先让我了解你的现状，是不是？"

小 H 这次没有急于回话，慢慢地点了点头。

流程回归正轨，我开始以最快的速度来了解她："工作了多长时间呢？"

小 H："8 年吧，中间除了程序员，还做过其他的。"

我："能不能简单说说？"

小 H："刚开始搞的是代码，后来转行做了两年设计，再后来教过一年幼儿英语，从大前年开始，又捡回了老本行。"

我："平时工作强度大不大？"

小 H："还好，但是我觉得最好自由时间多一点。"

我："对于薪资这一块呢？"

小 H："基本是满意的，说实话，有时候我都感觉自己的本事不值这个价钱。"

我："为什么要学 React 呢？"

小 H："就是感觉自己还是要多学一些东西吧，不能一辈子只会一种技术，对吧？"

我："现在感觉自己是什么水平呢？做了几个项目了？"

小 H："其实我感觉自己算是入门水平吧，只做过两个小项目，加起来也不到一年。最近公司在搞小程序，我想小程序毕竟不是主流，还得打造自己的核心竞争力，就选了 React。"

我："假如 React 学好之后，有什么打算？"

直到我提出这个问题，小 H 回答之后，我才找到了她这次线下咨询的"命门"。

小 H："等到 React 学得没问题了，我就换家公司，毕竟三大框架我会两个，成功的概率还大一些。"

想换家公司，就是证明对这家公司不满意啊！

我问道："之前简单沟通的过程中，也没觉得你对现在这个公司有很多不满意的地方。"

小 H 眼睛向上方斜了一下，说："我想换家员工自由时间更多的公司，年底……想跟老公要个宝宝。"

自由时间不够，有重大事件（要孩子）影响，职业需求发生变化。

所以，换一家给予员工更多自由时间的公司，才是小 H 的真正需求，而不是一个 React 学习计划。

我问道："那薪资这一块，有什么期望吗？"

小 H 笑了笑，说：肯定是越多越好。但是毕竟我们岁数不小了，家里催得急，薪资这块，差不多就可以。"

我也笑道："你说得差不多，下限是多少？"

小 H 咬了咬牙："月薪 15000 元吧！"

说实话，互联网行业虽然以高强度著称，但也不是没有相对来说比较清闲的岗位。

可按照小 H 当下的技术水平，能满足她需求的岗位，并不多。

她看到我在思考，小心翼翼地问道："老师，是不是……不太容易啊？"

我刚想如何把现实情况委婉地表达出来，小 H 就自己接过话头："其实我也想过，这个行业对女程序员来说，应该是碗青春饭吧？

"我今年也 30 多岁了，往后也不想再敲代码了……"

我说："现在的情况是这样，你最大的需求，其实是找份自由时间较多的工作；最好是能让你在核心竞争力方面再有所提升，对不对？"

小 H 点了点头。

我接着说道："事实上，你确实当下有一定短板，但是你的优势也是非常明显的。"

小 H 愣了一下："我？一个 30 多岁的女程序员，什么优势啊？我自己都看不出来。"

我客观地陈述："你看，我们的课程，你都认认真真学过，单凭这一点，很多同学都做不到，况且你还做了笔记。这足以证明你的执行力是可以的，努力程度完全没问题。"

小 H 可能不太习惯接受别人的认可，但还是"嗯"了一声。

我："在前端技术中，80% 甚至 90% 的技术，不存在'怎么学都学不会'的情况；你的基础是蛮扎实的，也不缺努力，就是努力的方向，不太对。"

小 H 自言自语："其实我就是想找一份稍微清闲点儿的工作，要是能提升下自己的技术，更好；我也觉得自己不懒，可来来回回，总感觉自己卡在了一个地方，原地打转，没什么实质性进展……"

我说："你看，刚才你还想着要好好学一下 React，用两个框架去跟其他程序员竞争。"

小 H 皱了皱眉："这个……难道不对吗？"

我说："你的 Vue，刚才自己也说了，是入门的水平，为什么不精耕细作一下呢？"

小 H 说："我就想会得多些，找份清闲工作，要个宝宝……"

很多情况下，来访者即便知道了自己想要什么，可自己提出的方案，往往又满足不了自己的需求。

按照小 H 的想法，整个流程应该是下面这样的：

花时间学 React →多掌握一个框架→面试时多一些优势→找份清闲工作，生娃。

但按照我这些年的经验，好好夯实下 Vue 和 JavaScript 基础，多做些项目，达到这个目的，更容易些。

我把自己的思路细致地拆解给小 H 听，虽然之前她没想过计划的合理性，但还是听进去了。

我告诉她，以她现在的资源和能力，按照既定的规划走，半年就能找到符合要求的工作。

她沉吟了几分钟，说："要是按照之前的想法，学了 React，还真是做了无用功。"

最后她问道："像我这个水平，就没办法做到三大框架同时精通吗？"

我说："有，而且还不算少，但是他们并不需要考虑生孩子的事情啊！"

小 H 点点头，乐了。

大部分程序员出现的职业瓶颈，可以归为两种情况：

（1）不知道自己到底要什么；

（2）不知道怎么才能实现自己的目标。

如果有丰富的行业经验，对行业有足够的认知，那么，完全可以给自己制订一个计划，按部就班地实现。

可小 H 归因错了，方向就错了，方案自然就会南辕北辙。

到头来，只能愤愤不平地抱怨："我这么努力，懂这么多，怎么才拿这点儿钱呢？"

7.3 你的核心竞争力丢了

小 L 找到我的时候，说是有些工作问题想请教。

见面寒暄后，我说："看你最近在朋友圈晒你的画，喜欢上画画了？"

他很认真地告诉我："一直都很喜欢，就是没时间画。"

我很好奇："那最近呢？互联网行业突然不忙了，还是你们公司倒闭了？咱们俩认识这么多年，感觉你的空闲时间一直没多过。"

他双手一摊："辞职了，昨天下午刚跟公司谈的。"

这才是他找我的根本原因，我说："那咱们就聊聊，接下来什么打算？"

小 L 说："我的基本情况你也了解，工作七八年了，也就月薪 13000 元的水平，当初去外包公司，图的就是赚个快钱。"

"上次你换工作，也是我给的建议。"我想起来这档子事，"我让你去 360 公司，你也没听，是不是？"

他说："外包公司开出来的待遇好一点儿，家里情况你也知道，我也没多想。"

他所说的"家里情况"，就是有一对双胞胎女儿，爱人是名会计，这样的条件在北京，压力确实大。

我回想着上次咨询的场景，在同样的情景下，很害怕最后是同样的结果。

"说说这几年在外包公司，什么感觉？"

"就赚了点儿钱，什么都没落下。"小 L 叹了口气，搓着手指头："好像钱也没落下，年龄还大了……"

"你今天找我来，主要想聊点儿什么呢？"我把话题往正轨上拉了一把。

小 L "嘿嘿"地笑了一声："上次没听你的话，有点儿后悔，这次找工作，不想再走弯路了。"

我说："还记得我上次为什么建议你去 360 公司吗？"

小 L 皱起眉头，努力地回忆道："好像是……你说那个平台，能发展我的核心竞争力？"

3 年过去了，按照我对小 L 的了解，他真正的收获，也许就是年龄而已。

现如今，技术的发展日新月异，终生学习不知道对于其他行业意味着什么，**但对于程序员，代表着入场券。**

"现在的技术到了什么水平呢？"我想确认他这 3 年是否还有进步。

小 L 像是想起来点儿什么："要说真学到点儿什么，在外包公司也不算白待，刚结束的项目，用的是 Vue，这方面好歹积累了点儿工作经验。"

"在 Vue 这块感觉怎么样？能解决项目中的实际问题吗？"

"说实话，三大框架，也就 Vue 用得还行，我打算趁着这段时间，把 React 好好研究下。"

小 L 在业余时间，也不甘寂寞，接过些私活。

这一点我早有了解，所以我并不怀疑他 JavaScript 基础的功底，而 Vue 用得如何，在专业测试结果没出来之前，还不敢下定论。

我问他："Vue 用了多长时间了？"

小 L 掐着指头数了数："得有个……三四个月吧！"

三四个月的 Vue 经验，求职的时候最好还是不要写在简历中了。

小 L 此行的目的，是让我帮他推荐一些合适的工作岗位。

我问他："下一份工作的薪资，有什么要求没有？"

小 L 抿着嘴告诉我一个数字："15000 元，当然越高越好。"

以他目前的水平，想要达到这个数字并不容易，我没有明说，换了个问题："现在，'996'的工作强度还能接受吗？"

他点点头。

工作了七八年，还要忍受"996"工作制，我突然感到有点儿心疼。

任何一个程序员，想找到心仪的工作，先要找到自己的核心竞争力。

如果没有，就要从现在开始培养。

我尝试着从专业技能以外，挖掘他的优势。

"现在让你给自己的个性做个评价，你会怎么评价自己？"

小 L 没想到我突然会抛出来这样一个话题，看样子他还在想工作的具体要求。

他试探性地小声说道："我觉得自己是个内向的人，不太擅长沟通……"

我看着他，没有说话。

他使劲儿回忆，又补上了一句："胆子比较小。"

我疑问地"哦"了一声。

他解释道："比如，虽然上个项目用的是 Vue，但是直到现在，我也不敢去尝试 Vue 中新的框架，解决自己不太熟悉的问题。再比如，我们老板经常问我，这个活什么时候能出来？我就会感觉到压力很大，磨叽半天，咬着牙答复'下周一应该没问题.' 老板要是还是不满意，说什么叫应该啊，你就说到底行不行？我就接着咬牙说没问题。"

听到这，我心想，这不是胆子大小的问题，而是技术自信不足和抗压力缺乏的问题。

小 L 看我沉默了一会儿，马上追问道："你觉得像我这种内向的程序员，该怎么发展啊？"

其实，很多程序员都是内向的，我接触过的"大牛"，也以内向居多。

对于互联网行业，内向也好，外向也罢，真正要考虑的，是"核心竞争力"。

像小 L 这种工作七八年，拿到 15000 元的月薪就满足的程序员，最大的问题，是核心竞争力的缺失。

如果一味地盯着外在的指标，比如工资、工作地点或工作强度等，把本该积累技术的时间用在选择上，最直观的后果，就是蓦然回首，发现自己没有"看家本领"。最后只能大声疾呼："时间都去哪儿了？"

我问他："接下来，除了找工作，你打算在技术这块怎么精进？"

他说："哦，技术的话，为了找份好一点儿的工作，我打算把自己的 JavaScript 基础好好夯实下。"

不明白问题的主次，也是没有核心竞争力的原因。

以我对他的了解，技术上没有多少问题了——假如满分 100，他现在 JavaScript 基础这块已经达到了 75 分。按照他自己的学习方法，再费 3 个月的工夫，也就能到 80 分，但对于用人单位，前后又有多大的区别呢？

我打断了他的话头："你现在技术没问题了，最主要的是另外两个问题。"

他一愣："我？技术没问题了？开什么玩笑？"

显然他误会了我的话，我说："我指的是你 JavaScript 基础，可以不用再夯实了。"

他一时半会儿没反应过来，我接着解释道："你最需要解决的，是核心竞争力缺乏的问题。说得更直白一点，就是你的能力和年限不成比例，自然也就没办法和薪资对应起来，达到你的期望值。"

真话，往往残忍，但小 L 还是点点头。

我确定他听了进去，接着说："现在制约你核心竞争力发展的，不再是 JavaScript 基础，而是进阶的技术。按照一般的发展路线，工作 2 年，快的 1 年，慢的 3 年，应该已经确定出三大框架的选型，你选好了吗？"

小 L 摇摇头："我还要尝试下 React 和 Angular，再下定论吧……"

我也摇摇头："按照你现有的资源，我建议你在 Vue 框架的方向多花点儿心思，然后找一家用这一框架的公司，积攒实际的项目经验，否则，你的薪资还是在这个地方打转。"

这次，小 L 没再说话。过了很久，他才吐出一句："我就说这几年我总觉得自己卡在什么地方。感觉自己学了很多东西，学得越多，越知道自己不会的还有很多，越迷茫，不知道自己下面的路该怎么走。"

我说："就是因为选择太多了，才会把提高核心竞争力之路埋在很多条路中，让自己找不出来。"

小 L 信誓旦旦地说："我回去就按照你给我的计划学，再找一家用 Vue 的公司平台，好好积攒点儿真本事……"

我很好奇："怎么突然对核心竞争力的缺乏，感受这么强烈了？"

小 L 像是被霜打了的茄子："上周参加同学聚会，才发现，都毕业这么多年了，自己能力上没多大进步，关键是……"

说到这儿，他还有点儿不好意思，把剩下的话咽进了肚子里。

我替他说了出来："同学一个个混得都还比自己强？"

他点点头，一切心照不宣，为了避免尴尬，最后我问了他一个问题："选好下一份工作的行业没有？"

他没反应过来，面带疑惑地看着我。

我解释道："我的意思是，你找的下一家公司处在哪个行业，有考虑吗？"

他想了想，没有自己的主意，还是看着我。

我打开微信，翻到他的朋友圈，指着他的画。

他反问："去个漫画平台？"

我摇摇头："我的意思是，按照你的兴趣来。"

核心竞争力，是一个在职业发展中被谈烂的话题。提高核心竞争力从来都是重要而不紧急的，因为不紧急，被很多程序员忽视，又因为重要，猛然间发现自己缺失的时候又那么惶恐。

很多程序员，平日的忙碌剥夺了他们思考的时间，想到自己的核心竞争力的时候，多半说"我先找份工作干着"或者"慢慢积累，这个要靠经验的"，没有明确的规划（注意不是计划，因为计划赶不上变化），时间自然而然地随着忙碌，悄悄溜走。

躺在床上，夜深人静的时候，不妨穿越到 3 年之后，问问自己：

"这几年，我到底长了多少本事？"

7.4 天天切图，这不是我想要的人生

根据行业的不同，收入分布也是不一样的。

有的行业的收入人群分布，是"甘蔗"形状的——虽然"同行不同利"，但无论是收入特别高的，还是勉强养家糊口的，人数比例都很少，大部分人都在平均水平附近晃悠。

还有的行业收入人群分布，是"葫芦"形状的——最赚钱的那部分人，比例相当于葫芦上的那个尖；一少部分收入还算小康的，只占整个葫芦的一小半；人数上的"大头"，收入很一般。

程序员的收入，就是按"葫芦"分布的。有人开玩笑说："程序员的收入前十名，就是福布斯财富排行榜。"跟"程序员富豪"形成鲜明对比的，是在一线城市基层，苦苦挣扎的"码农"。接触的程序员越多，我越清楚，他们的情况，不单单是一个"不努力"能概括的，他们也想往上走，也想摆脱这个"初级程序员"这个层次，只是冰冻三尺非一日之寒。而小 D，属于那类被"冻僵了的人"。

小 D 刚来找我的时候，并没有直接做咨询，只说"感觉自己每个月 9000 元的工资太少""要提高一下技术水平"。做了一份专业能力测试之后，我告诉他："能找一份有 9000 元工资的工作，已经说明你很幸运了。"

很多程序员都是因为技术问题找到了我，结果聊完之后才发现，教技术根本没用。这就像一个没有事业安全感的人，你就算把他送进腾讯、阿里巴巴，他也会不停嘀咕："万一哪一天，公司倒闭了怎么办？"

刚开始咨询的时候，小 D 拿着我给他制订的提升方案，说："老师，不知道咱们这个方案能不能落地啊！"

我说："只要你按照方案来，最后的效果，我们还是能保证的。"

他说："我是对自己没信心，刚才我简单翻了一下，每周需要我在工作日抽出来 2 小时的时间，周末要抽出来 8 小时，我都怀疑自己能不能坚持下来。"

他这句话一出口，我就明白，阻碍他职业发展的，应该不是技术因素，而是认知和心理因素。本着专业精神，我还是打算从外围开始引导："抽出来这些时间，对你来说是不是比较困难？能不能说说具体的难点在哪儿啊？"

小 D 开始扳着指头数起来："先说工作日，我住廊坊，但是在北京上班，开车来回跑，早上 5 点 40 就得出门，晚上 6 点下班，但是经常得加班到 8 点多甚至是 9 点，到家就快 11 点了；

我妈以前身体不是很好，周末虽然双休吧，但得有一天在医院，现在虽然不用去医院守着了，公司又开始变得很忙，周六也都要加班，平时谁没个事情啊，所以每周剩下的最后一天，就这么着过去了……"

我追问了一句："最近的几个周日，你是怎么过的啊？"

他回想了一下："刚过去的这个周末，我女朋友过生日，陪她逛了一天的街；上个周末部门团建；上上个周末……我想想……还真忘了干什么了。"

按照小 D 的描述，一周的时间都被填满了，确实抽不出来提升自己的时间。了解基本情况之后，我打算从刚才描述的几个方面，挨个分析，看看能不能帮他"挤"出来一点时间："每天都要加班到八九点吗？"

小 D 不好意思地笑了笑："也不是，就是吧，我技术比较烂，基础不是特别扎实，手上的活总是干不完。再说了，别人都加班，咱再不多干点儿，就有点儿说不过去了……"

我点了点头："有没有想过通过自学把技术搞上去？"

他一脸无辜地表示："有啊，咋能没有呢！有段时间，我晚上 11 点到家，还翻开书看、敲代码，坚持了一阵，感觉对工作没啥帮助，项目上一忙，每天早上又起那么早，就放弃了……"

我说："你现在的公司，做的什么业务啊？"

小 D 对自己的公司也很不满意："说白了就是做外包，我们老板有点儿资源，能接到活，这块我们倒是比其他公司的日子稍微好点。活是多了，忙啊，技术上还没什么进步，整个部门水平都不行，老是让我干切图，天天切图，都把我切吐了……从项目里面，根本学不到什么东西。"

简单一聊，我发现小 D 陷入了"初级工程师的死循环"。首先，工作平台决定了岗位对他的要求不高，但是工作量又大，其中大部分是重复性、可替代的基础操作；由于自己技术不过关，导致工作占据了自己很长时间；没有空余的时间提高自己，想去的平台去不成，技术水平就被锁在一个等级，只能原地踏步；现在的公司只能提供固定的薪资以及大量的简单工作，占据了他大量的时间。

在这个"死循环"里，哪怕走上 10 年，也不会有什么大变化。小 D 描述完现状，很无奈地跟我聊："老师，我也知道，程序员嘛，肯定还是要想办法提高自己的技术水平，我也想提高啊！总感觉代码这东西，怎么学都学不会，怎么才能走出来这个圈啊？"

我说："这样，咱们把这件事先放放，能不能跟我说说，你最近的生活状态？"

他愣了一下，没听明白，我解释了一下："就说说最近过得怎样，心里什么感觉吧！"

小 D 想了想，说了一个字："累。"

我让他说得再清楚点儿，他说："每天都是这么过，天天加班，心里就感觉累了。有段时间就特别不想看代码，但是得努力啊！更何况水平又那么烂，就更得给自己充充电了吧？但最近家里总是杂七杂八的事，单看哪个事吧，都不大，放到一块，闹心啊！"

后来我了解到，他嘴里的那些"杂事"，还真不是什么大事，而是每个成年人生活中，都会遇到的问题。只是在他这儿，负面效应被放大了。小 D 是一个心事比较重的人，平时工作当中，老板多看了他一眼，他就觉得人家是不是对自己有意见……

怪不得，他觉得累；怪不得，他没时间；也怪不得，他的技术水平一直被卡着提不上去。不是工作量的问题，也不是时间管理的问题，甚至从根本上来说，不是技术的问题。而是一个人的"职业基因"——一个人的做事方式的问题。

我找到了突破这个死循环的关键。

听完他所有的心里话，我说："你有没有想过，事情可能没你想得那么严重？"

他眨了眨眼睛，说："没我想得那么严重？我把事情想得太严重了吗？没有吧？"

我开始慢慢分析："上班时间长、生活上的事情多，这是客观现实，很大一部分你是掌控不了，或者说短时间没办法改变的。你刚才也说了，自己特别想走出这个圈子，不想再天天切图了，对不对？"

小 D 开始不断点头："对对对，我真的切图切吐了……"

我接着分析："你刚才说了那么多，说到加班，说到生活上的杂事，说到自己时间紧，我看你虽然无奈，倒也没有多头疼，唯独说到内心感受，聊到这个'累'字，你眉头就拧成一团了。"

他笑了笑。

我说："阿德勒在《自卑与超越》里面讲，人们生活在自己的世界里，至于世界本身什么样子，并不重要，关键在于如何解读。这句话放到你身上也同样合适，你觉得自己技术水平不行，工作量大，这是事实，但是老感觉别人对你有意见，老板想开掉你，那就是过度推理了。"

小 D 坚持自己的看法："按照技术来说，我确实是我们部门技术最烂的，要是公司裁员的话，第一个肯定是我，想都不用想……"

我尝试着纠正："就算真是这样，又怎样呢？你想着老板可能要开除你，想到自己的技术水平很烂，这让你回到家就迫不及待地学习新技术，还是让你一想到就睡不着？"

小 D 说："我连着好几天都没睡好觉了，这事一想就难受……"

我说："这些想法表面上看起来，是你对自己有高标准高要求，实际上，你头一天睡不好，第二天到了单位，工作效率更高了，还是更低了？这些想法到底是动力，还是阻力？"

小 D 好像有点儿明白了，但还是不甘心："我也不想考虑这些，但这些是现实啊！说实话，离开现在这家公司，我都不知道自己的下家在哪儿。老师，咱做人是不是要务实？"

既然他讲到了务实，我就顺着话题接着聊："是想办法多抽出来时间，把自己的技术提上去更务实，还是成天琢磨自己的下家，战战兢兢地加班更务实？"

小 D 沉默了一阵，试探性地问我："老师，你是说除了想办法把技术弄好，剩下的现实因素，都不要考虑是吗？"我点了点头："现实不等于有用，所以，不要考虑。"

他自己嘀咕了一遍："现实，不代表有用，得做点有用的事儿，才最现实……"

当小 D 的视角，从内心的感受抽离出来的时候，他对现状的描述，有了很大的改观："其实也不是每周都有杂事要处理，一周抽不出来 8 小时，哪怕 5 小时也可以啊；学的东西还是要尽可能贴近工作，这样工作省出来的时间，还可以用来看看书；虽然暂时没办法跳槽，但是可以确定一个目标，这样自学起来，方向也更清晰了……"

趁热打铁，我重新给他制订了一份提升方案。

咨询快结束的时候，我叮嘱了一句："很多东西没办法一步到位，但只要开始迈腿，就是个好兆头。"他点点头，想到他刚来时对现状的不满，我问了他一句："现在你知道，自己该怎么从死循环当中走出来了吗？"

他想了想："最重要的还是放下心里的包袱，每一步都走好一点。什么时候能走出来，上个台阶，我不清楚，不过踏踏实实学的话，也不至于一辈子，天天都在切图了……"

7.5 我就想要一个大平台

"内向""害羞"或者"话少"好像已经成了程序员的性格标签，并且逐步朝着"标配"的趋势发展。如果你发现身边一个人说话腼腆、做事比较"闷"，这时候过来一个人，给你解释"他是个程序员"，所有人就恍然大悟了，并且报之以理解的目光。

按照这个标准，冯静绝对是程序员中的程序员。她是个女孩，来做咨询的时候，全程两只手安静地放在膝盖，头低着，几乎没抬起来几次，幸亏公司比较安静，要不然还真听不清她说什么。

"老师，您能把我送进一线公司吗？"她问的声音很小，像是怕吓着我似的。

我还以为她跟大多数程序员一样，对咨询抱有不切实际的期望，就解释了一番："咨询最主要的还是提供方法和思路，问题的解决，最终还是要靠执行，否则成功率 99% 的方案，到你这儿还是一个 0。"

她犹豫了一会儿，把刚才的问题重复了一遍："老师，我特别想进一个大公司、大的平台……"

我有点好奇："你所说的大公司、大平台，指的就是那特定的十几家互联网企业，还是……"

冯静摇了摇头："也不一定非要 BAT，我的要求也不高，就是公司稳定，只要能让我按部就班地慢慢发展，有成熟的产品和项目流程，哪怕工资没那么高，我也能接受。"

我说："你对现在公司最不满意的地方，就是公司规模小，人员架构不清晰，接的项目也不稳定是吗？"她点了点头："我现在这家是个外包公司，您也知道，互联网圈提到外包，都……都特别……不是特别好"。

我点了点头，她继续说："关键我也是个女生，毕业之后就一直待在这家公司，都 6 年了也没换过。我敲代码还是可以的，上边都夸我做事踏实、细心，把活交给我他们也放心，对我也不错……"

我插入了一个问题："现在你的薪资多少啊？"

她说："1 万元。"

这就是她口中的"老板对她不错"吗？从毕了业到现在，整整 6 年的时间，薪水才给到 1 万元。要真是技术水平不行，自然干多少活拿多少钱，关键她在这次咨询之前，已经做了专业技能测试，市面上找份月薪 15000 元的工作完全没问题。

我问她："你主管或者经理，没有跟你聊过你的职业发展吗？他们给你以后的角色定位是什么啊？"

她愣了："定位？您让我想一下……毕业进了这家公司，刚开始就是打杂，比如切切图,做一些最简单的活,干了大概 1 年多。后来公司又把我派出去,待在甲方公司,任务也不是很重,我也就朝九晚六地过了一年。后来回来之后,公司就只有我和另外两个前端程序员,公司接了项目,就我们 3 个人分分,解决不了就找我们老大,这也就是我为什么现在想进大平台。"

我说:"是因为公司接的项目不稳定吗?"

她点点头:"一方面是这个,前段时间还闹出来'公司倒闭'的消息,搞得大家人心惶惶的。我毕了业就没有换过公司,也不知道该怎么找工作,真不知道自己能找份什么样的活,也不想折腾了,就找个大公司进去慢慢提升好了。"

我问她:"你在这 6 年里边,是不是没有找过你们老板,谈谈升职加薪的事情?"

她面露难色:"我也不是不想聊,关键是……我们老板一直也对我不错,想着等过了年,或者项目结束的时候,让我做个主管之类的。人家都张了嘴答应的事情,我也就不好意思再去提要求了,我好好干活,把手头上的事处理漂亮了,上边自然也能看得见对吧?"

我说:"你平时出去买东西,跟别人砍过价吗?"

她连忙摆手:"没有没有,一次也没有,我不太擅长这些,所以我买什么东西就去超市,或者网上,是多少价格就是多少价格,大家都一样。我想去了大公司,人家的晋升制度肯定都完善了,只要我达到要求了,肯定能一步一步走下去,对吧老师?"

我问她:"你觉得以自己现在的水平,能找一份什么样的工作啊?"

冯静想了想:"我这个人有时候容易想得太多,前段时间公司资金有点困难,我们老板跟我一说情况,我还以为是要让我主动离职呢,后来才发现他跟大家都聊过,才慢慢放下心。只要能让我进大公司,起码有份保障,哪怕工资暂时少一点,但是我可以慢慢努力往上爬,人家都跳槽涨 3000 元,我也不要求那么多,月薪给我 1 万元,跟原来一样就行。"

聊到这儿,我慢慢感觉到,坐在我面前的"程序媛",**不仅仅是内向、不擅长**

沟通，她在工作中还缺乏自信，不了解人才市场的行情，也不擅长跟别人进行利益方面的谈判，此外内心也比较敏感，容易把事情想得太严重。至于进不进大公司，这只是表面问题，上面这些问题，才是她最需要解决的。

我先从最浅的"谈判问题"开始聊：

"买东西可以不砍价，但是生活也好，工作也罢，跟人谈判这事儿，是没办法绕过去的。哪怕你进了大公司，每年的三四月有一次集体涨薪，每年的 10 月还会给表现突出的员工发奖，这些东西你不去争取，旁边的人也会装聋作哑、视而不见。"

冯静开始变得愁眉苦脸："老师，一想到这些事，我就可头疼了，你说的东西我也不是不想要，就是感觉不知道怎么跟人张这个嘴。说得委婉了，怕人家听不明白；说得狠了，又怕显得自己唯利是图似的……"

我说："谈判方式并不是按'委婉'还是'直接'来划分的，它需要有一定的技巧，这个你能慢慢学。更重要的是，要破除你心中的妄念，大大方方地把你的想法，原原本本地讲出来，把心态从'能避开就不谈'，转变成'我要表达我的意愿'，这很关键。只要你勇敢一两次，去做，你会发现大大方方谈利益，HR 也不会觉得你唯利是图。谁都要过日子，把话说清楚，反而显得你坦诚。"

她还是有点犹豫："真的吗？"我点点头："对于重要的问题避而不谈，才是真正的虚伪。"

接着我做了一些心理疏导，把环节推进到"内心敏感"上来：

"你平时会不会想'别人怎么看我'，有没有觉得脑子里面这些想法，让自己感觉很累？"

提到这一点，冯静打开了话匣子："老师我知道你要说别想那么多，我这个人啊，就是这样，我也累，我也不想把脑袋中塞这么多想法，可是我阻止不了啊！一想到自己可能要失业了，还要去投简历、去各个地方面试，我就头大。曾经有段时间，我得天天喝中药才能睡着。"

我问她："平时最让你感觉累的想法，能说出来一些吗？"

她随口就来："很多啊，比如有个程序没有调好，老板让我细心一点，我就会想，会不会是最近老板对我工作不满意了？是不是觉得我做事不如以前了？我每天都忙着做公司的项目，技术水平会不会落下？自己会不会掉队？总之就是类似这样的，没办法……"

我说："跟你讲道理，其实是完全没用的。但是我可以提醒你一点，一件事的重要性，和怎么把这件事做好，完全是两件事。"

冯静重复了一遍："完全是两件事？"

我解释道："你看，你想提升自己的技术，想让自己在工作中少犯错，把事情做得更漂亮，这都很重要，但老是念念不忘它们的重要性，对把事情做好，其实帮助不大。"

她好像有点吃惊："难道我不应该高标准地要求自己吗？只有把重视程度提上去，才能做好，不是这样吗？"

我说："这是很多人的错觉，压力这件事，肯定是有两面性的。对于那些不自觉的人，它逼着人自律，但是你并不是无所事事，而是已经在很努力地认真做事，这个时候你还在想'这件事很重要'，产生的就不是动力，而是阻力了。"

冯静叹了口气："我还以为这是高标准要求自己呢。"

涉及自信，我让她估计下自己的价值："你觉得以你现在的水平，出去能拿多少钱的薪水呢？"

她说："13000 元就满足了。"

我告诉她："你至少值 15000 元的月薪水平。"

冯静压根就不相信："其实我自己几斤几两，心里还是清楚的，老师……"

我说："这样吧，你按照我给你指导的简历，投出去，然后去面试。如果你怕刚开始没经验，可以先不找大平台，就当长一长经验。"

一个月之后，她给我留言：

"老师，您说的是对的，我现在已经在 ×× 公司入职了。以前，我以为自己只需要一个大平台，但实际上，我发现，程序员要学的，还真不仅仅是技术。现在，我还是不太会跟人谈条件，也偶尔会有一些让自己头疼的想法，但比以前好多了，谢谢老师。"

7.6 每天这么忙，哪儿有时间提高自己

说起来，我和高平还是老乡，他第一次找我咨询，最让我印象深刻的，还是他的薪资：

月薪 3500 元。

我心想，可能是我在北京的时间太长了，默认了最低工资 8000 元，我就问他："你们公司做什么业务啊？"

他说："就是接点外包的活，主要是我在做。公司就两个程序员，这个活是老家的亲戚帮我介绍的，就一直干到现在。"

我问他："在这个公司待了也快 1 年了，感觉自己在技术方面有什么收获啊？"

他好像是卡住了，愣了一会儿，很勉强地说："感觉自己的基础知识越来越扎实了，切图也越来越快了……"

成长速度不够，我心里有了这样一个基本判断后，开始让他描述自己的问题。高平是有备而来，掏出了一张纸，然后跟我说："老师，我来北京也快 3 年了，做程序员也快 2 年了，现在这个工资……说实话过年回家，我都不好意思跟家里人提。我也想提高，程序员嘛，得学，虽然现在这个工作难度不大，但是量不小……我也不想老干这些打杂的活，但是去学新东西呢，又要时间。我现在'996'已经好几个月了，这越没时间学吧，水平就越烂。之前我也给自己制订了计划，

但因为老加班，后来就耽误了，也没坚持下去，这次过来，我就想咨询 3 个事儿。"

"（1）我想再把基础好好夯实一下，但是外面的培训机构，好多都是全日制的，就算网上开班，我也没办法保证每天跟着学，总不能让现在这份工作把我卡死吧？我要不要辞了工作培训一段时间啊？"

"（2）制订过那么多学习计划，总是因为时间不够耽误了，别人也上班，人家也在学啊，怎么才能做一份时间肯定够的计划？"

"（3）我想下一份工作，最好能给自己一点自由时间，要不然技术总是卡在一个地方，现在互联网公司是不是都是'996'啊？我对行情还不太了解……"

听完他的 3 个问题，我明白了他的话外音——"我是个上进的人，我想提高，就是没有时间。"

我跟高平说："你的意思我明白了，听你这 3 个问题，句句不离时间。能不能这么说，**时间是你现在所有问题的关键，只要有足够的时间，80%** 的问题就迎刃**而解了？"**

高平连连点头："对呀对呀，我又不懒。以前我在工地上干过，条件比现在苦多了，我就是现在忙得不行，项目上事情又老变来变去的，没个规律。要是每天有固定的时间，有个计划，能让我按部就班地学就好了……"

我说："咱们先说要不要辞职去参加培训这件事吧。互联网公司的工作节奏你也体会了，咱们可以猜测一下，假如你这次脱产培训了，到了一家条件好点的公司，要是以后工作遇到瓶颈了，感觉技术水平上不去了，你怎么办？"

高平想也没想："那就接着学呗，程序员还能断了学习啊？"

我反问他："要是再碰上今天的情况，时间还是不够用，怎么办？"

他没想过这个问题，在他的想法中，现在这家公司是最糟糕的，既然是"条件好一点"的公司，那肯定有一定的自由时间，怎么会时间不够用呢？

我跟他解释："我有很多学生和客户，他们所在的公司各方面比你现在的这家会好一点，但是他们给我的感觉依然是时间不够用。进入职场的人，再也不会像在学校那会儿，有大把的时间可以用来学习。如果碰上时间不够用就想脱产培训的话，就像手里资金紧张时用信用卡渡过难关一样，不是长久之计。**一边工作一边学，才是常态。对于程序员来讲，时间永远没有'够用'的时候。**"

高平有点纳闷："难道所有公司都是'996'？"

我说："这跟是不是'996'没太大关系，时间有多少跟会不会利用是两码事。放到钱上也一样，穷人也得过日子吧，也有人从老百姓变成百万富翁是不是？"

高平好像有点明白我的意思："老师，你的意思是说，我现在只要好好利用时间，也能一边干活一边学是吧？"

我点了点头："那肯定的。这跟智商又没什么关系，纯粹是意识和执行的事，大家都是一边上班一边学啊！"

高平摇摇头："我知道有些人，工作做得好，还顺带着干出来不少业绩，是不是他们天生毅力就比我们强啊？还是体格壮，一天就睡几小时，就能猛干 20 多小时？"

我说："你看，如果你把原因归到身体或者性格，那就没办法改变了。这就是'命运决定论'——承认所有的一切都早已经决定好了，改变不了。难道你打算一辈子，就拿 3500 元的工资过日子？"

高平摇头说："那肯定不行。"

我趁机让他看清现实："我有很多优秀的学生，也都是普通人，并不是天生执行力就强、效率就高。把时间利用率提上去，你现在这个死循环就解开了，学习计划就能顺利执行下去。"**解决了"要不要辞职培训"**这个问题，接下来我打算引导他做出一份**"能落地"**的学习计划。

他说："老师啊，我也想提高时间利用率啊，关键是具体到我这种情况，该怎么办呢？"

我说："你觉得，自己的时间利用率怎么才能提上去？"

高平想了想："首先得锻炼身体吧，我听说身体素质跟一个人的精力好坏有关系。还有就是利用好零碎时间，平时挤地铁、吃饭的时候，别把时间浪费了，再有就是动作利索点，能省一点儿时间是一点儿……"

我笑着跟他讲："你应该是励志类的书看多了。刚才你说的这些方法，要么太大，要么就都是细枝末节。不过大部分人听到'时间管理'，想到的都是这些东西，比如时间管理矩阵啦、任务清单啦……"

高平说："也就是这些了，还能怎么管理时间呢？"

我说："要想真正地做好时间管理，首先要把事情做对，其次把握好方式，最后流程模块化。具体说来是这样——

"**所谓把事情做对**，就是不要任务一到就手忙脚乱地开始干，要知道真正的时间管理是从选择开始的。你现在还在打杂，哪怕最简单的切图、做最基础的 JavaScript 交互，也不见得每件事都要去做。优秀程序员的标准之一，就是拿到活之后，先考虑这件事自己要不要做？打算花多长时间做？要做到什么程度？

"处理一项任务，要综合收益和成本。主管明天就要一个文档，结果你陷在一个知识点不能自拔；或者两周之后才要的东西，你立刻马马虎虎就凑合完交上去，都不行。在现有的条件下，尽量选择那些从长远看收益比较大的事情。

"一天干 10 件事，按照 2/8 法则，只有 2 件事值得你费脑筋，相应地对你的技术也有好处。但是如果你把时间平均分配给这 10 件事，就是主次不分了。主人公的台词和跑龙套的一样多，电视剧就没法看了。

"**所谓把握准方式**，就是面对同样的一件事，要想办法拿出好几个解决方案。作为一名程序员，别重复'造轮子'，也别把'轮子'都外包出去。你不是第一个遇到类似问题的人，能成功借鉴别人的经验，效率肯定就上去了。

"**所谓流程模块化**，就是一天当中 80% 的常规任务，该像流水线一样处理。干过一次的事情，第二遍的时候就别再从零开始，总结成流程，别耗费大脑太多的内存，把大部分的精力，花在那些需要创造的 20% 的任务上。

"发达国家把低端产业都外包出去了。我们虽然不是 CEO，没有那么多助理，但是要学会借助工具，提高自己的效率。一个小小的便利贴，就能在桌边提示我们有几件小事还没办，总好过在心里一直记着，快下班的时候愣是一直想——还有什么事没办呢？"

听了这些，高平说："老师，您讲的这些我之前还真没考虑过，我真觉得我的时间应该再好好梳理一下，应该能挤出来不少时间。不对，不是挤，是好好管理一下。"

我说："你最后一个问题，问是不是所有的互联网企业都是'996'，你对自由的时间看得比较重，对吧？"

他说："是啊，有了自由时间，才能提高自己的技术，要不然把自己的所有时间都'卖'给公司，没办法提高。工作是公司的，生活是自己的嘛！"

我笑了笑："其实要想提高自己的技术水平，最好的办法，还是在工作当中不断学习和训练。一天有 10 多小时在公司，要是连这段时间都没办法提高，总是想着下班之后关起门来憋大招，成长速度也太慢——毕竟一个国家的正规军，才是最重要的武装力量啊。"

他说："万一公司总是让我打杂呢？或者公司的项目不行，技术老旧怎么办？"

我说："只要你们公司的产品还有优化的空间，公司里还有人比你水平高，就有你学习的地方。很多程序员连原生 JavaScript 都还没学好，就急忙赶着学框架，那是眼高手低了；反过来，基础扎实了，通过公司的项目实战也磨炼出来了，学后面的东西，才能更快。"

咨询快结束的时候，我问他："现在还感觉时间不够用吗？"

他笑了笑："程序员嘛，时间永远不够用，但是不会再着急了，毕竟时间管理也是很重要的一项能力。我还年轻，慢慢来呗。"

7.7 乏善可陈的简历，把我拴在原地

程序员最惨能混到什么份上？

不是年龄大了，却还在基层敲代码；也不是干了快 10 年，还在领着一份 8000 元的薪水；也不是换过 10 家公司，还在错误的道路上摸爬滚打。最惨的，是年龄大了，还在基层敲代码＋干了快 10 年，还领着 8000 元的薪水＋换了 10 家公司，还在错误的道路上摸爬滚打——并且认为自己走的路是对的。

印象里"凑齐了所有条件"的，只有郑斌一个人。

他一开始找到我的时候，刚辞职，打算让我帮他包装一下简历。我大概看了一眼，就问他："打算接下来找一份什么样的工作啊？"

郑斌想了想，说："您看我之前的工作经历，头几年不知道自己要干什么，销售啦、财务啦、运营啦都干过，后来虽然也换过几家公司，但不是干前端工作，就是后台，还做过半年的运营。我感觉自己就在互联网圈打拼，慢慢地找到自己的方向。下一份工作，还是敲代码，做前端程序员吧！"

我跟他讲："如果想要找一份前端工作，那之前这些无关的经历，最好还是别出现在简历里。"

郑斌显得很为难："要真说跟前端有关的经历啊，也就只有 1 年的工作经验，关键您看我这岁数，34 岁了，去公司不能再应聘基层岗位了吧？但 1 年的工作经验，实在是有点……"

我明白他的意思，想在互联网圈持续发展，但是简历确实乏善可陈。对于一个 34 岁的人，谈到职业发展，说自己在"慢慢找到方向"，这种程度的进展，还是不够。要知道，哪怕大学毕业前 3 年在摸索方向，到了 34 岁，也应该至少有 5～8 年的工作经验了。不能说要求资深，最起码也应该是老手了。

过往的经历，没帮助郑斌积攒点什么核心竞争力，于是体现为一纸简历把他拴在现在这个尴尬的位置上。

我试图搞清楚，为什么他换了这么多家公司，横跨好几个行业，最终造成今天这个层面："能不能简单聊聊，之前的工作经历，当你面临选择的时候，自己是怎么想的？"

等郑斌说了他毕业以后的经历，我才明白，他现在的情况，都是有原因的。

郑斌学历不高，大专文凭。他一个人来到北京，看着销售挣钱多，入行的门槛也低，就进了这一行。坚持了大半年，感觉自己实在不是这块料儿，也没赚到什么钱。之前羡慕单位里的财务工作环境好——无论刮风下雨，在空调屋里做做账就能按时拿工资，于是他工作之余考了个会计证，去了一家小公司。

就这么平平淡淡地过了 2 年，赶上自媒体大繁荣，他工作之余看着各种"大V"接个广告就是好几万到账，心一横，就辞职去一个网站当了运营，想着积攒点经验将来自己搞一个自媒体。结果他一上岗，才发现自己每天做的不过是在群里跟用户互动，没事组织一次线下活动、发发小软文而已，工资更是少得可怜。

2013 年到 2014 年那会儿赶上互联网浪潮，到处都缺前端程序员。刚开始他报了一家培训机构，稀里糊涂地学了 Java，做了后端开发，又感觉入门太难，自己学不会，于是去学前端技术。后来在一家外包公司工作了 1 年，感觉有点工作经验了，就想着找一份工资高点的工作。

我问他："每次做决定的时候，你会征求其他人的意见吗？"

他想了想："我这个人比较有主见，有时候也会听听别人的想法，绝大多数情况是按照自己的想法去做。"

我说："如果接下来打算继续做前端开发，技术上有没有什么想法？比如朝着哪个方向提升、用什么技术栈？"

郑斌开始神采飞扬地跟我比画："老师我是这么想的——过去的这一年，我把 Vue 和 React 都掌握了个大概，下面我想找一份用 Angular 的工作，积累一下经验。这样以后找工作，不管公司要求什么框架，我都会，心里就更有底气了。"

我试探性地问道："没打算好好地夯实一下基础，先努力钻研一个框架？"

没等我说完，郑斌连连摇头："老师，我觉得互联网技术吧，都要懂一点。现在不是讲究'T 字'型人才吗？你就算把 Vue 学得再好，能好到哪儿去？多学一个框架，就多一个维度来竞争……"

慢慢地，从郑斌的话里，我找到了他的问题源头——之前的旧账就先不提了，前端开发的工作仅仅做了 1 年多，就说自己"基础比较扎实，掌握了 Vue 和 React"，想着再去"掌握"Angular，认为前面的东西"已经没什么可学的了"……

有些东西不深入，还真看不见更精彩的风景。

我说："我有很多学生，基础也扎实，但是框架层面，他们都没改太多。有的人就用 Vue，虽然不是其他框架一点都不学，但有个主次之分。现在这个人发展得也不错，工作 5 年，月薪 2 万元左右……"

郑斌眼睛一亮："那要是 3 个框架都学会了，是不是就更厉害了？我就说之前的公司坑了我，工资给的就是比市面上的少……"

我赶快纠正道："我的意思是，要想达到 2 万元的水平，跟接触的框架的类型多少没太大关系，主要还是看你解决问题的能力。水平高的人，可能用 React，也可能用 Vue，要是没有合适的框架，就用原生 JavaScript 敲。不管你会多少个框架，能解决问题，又好又快地出活，才是关键。"

郑斌点点头："对对对，我就说技多不压身嘛！多学一个框架，就多了一条路能走。"

我接着解释："是这样的，框架也好，库和插件也罢，这些都是工具。目的是使用工具，达到目标。在一个森林里，要想填饱肚子，不一定非要开坦克打兔子，扯根木棍扎鱼也是可以的。掌握工具只是捕食的一部分。如果把时间全部花在做弓箭、造坦克上，还不如拿出一个弹弓，好好练练准头，至少不会饿肚子。"

郑斌显然还是觉得"技多不压身"："老师，那我能不能开着坦克，然后挎着弓箭打兔子？"

我摇头苦笑："这又何必呢？"

他还是坚持自己的立场："我觉得还是要多学点东西，不说多专业，最起码这个东西你见过，肯定就跟没见过不一样。"

我说："定目标，要综合考虑你自身的实际情况和外部环境。如果你是刚毕业，又正好处在互联网红利期，第一次行走江湖，多尝试尝试，积累不同行业的经验，自然是没什么坏处。但现在对于你来说，其实是进入了积累期，如果不选择一个具体的方向持续积累下去，恐怕后面的路不太好走……"

郑斌说："方向我已经选了啊老师，我就在互联网圈了，我不是经历比较丰富嘛？这是我自身的优势。他们做过前端开发的，不一定懂后台；懂后台开发的，又不了解前端。我打算积累点资本，出去接点活。找一些小的公司，给他们做网站，这样总比单纯做前端开发要更有优势……"

话说到这，我明白，再多的表达也无济于事了，就帮他认真地改了改简历，讲了一下面试当中应该如何扬长避短，结束了这次咨询。

限制一个人发展的最大因素，是他的认知。就像郑斌，表面上看，是那份"乏善可陈的简历"把他拴在了原地，实际上，他的认知就是"什么都做一些、丰富、大而全、技多不压身才是优势"，这是限制他发展的最主要因素。

而认知，是最难改变的。

后记：后来郑斌果然去创业了，租了工位，找了两个合伙人，给小企业做网站。一个月成本一万六，加上装修，他前前后后花了5万元。我有心照顾一下他的生意，给他介绍了一位客户，结果没谈成，客户说是价格太高。我就问郑斌那个网站做下来要多少钱。郑斌告诉我："这边完成得3个月，大概年前完事，报价两万八。"而我清楚，如果按市面上的平均水平，3000元就能搞定，还只需要3周的时间。

7.8 阶梯式发展，才是属于普通人的路

大部分程序员对"咨询"的误会，可以分为以下两类。

第一类，把咨询当成了"灵丹妙药"。这类人认为只要交了钱，事业上的所有问题都能解决，于是顺带着提出一系列的要求——"你们得保证我进一线的公司""我就要去××公司""我要用3个月的时间，年薪突破20万元"。

第二类，认为自己各方面能力完全没问题，也不管外面是什么环境，总而言之就是自己"万事俱备只欠东风"。这类人妄想着和咨询师坐下来聊一聊，就能突然间被某句话点醒，了解到大部分人都不知道的秘密，从此人生发生重大转折，走向辉煌。

确实有人经过咨询，薪水能翻倍，但前提是他们确实值这个价钱，只是自己不知道。一个手电筒，按下开关就能亮，但换成遥控器，再怎么使劲也没用，情况换到人身上也一样，因为方案虽然可以出，但是执行需要时间，能力需要沉淀。阶梯式的发展，才是属于普通人的路。

有些程序员新闻看多了，觉得自己虽然没办法登上福布斯富豪榜，但是应该能找一个年薪百万的工作。这要求还算过分吗？不好意思，这对于大部分人来说有点难。

刘燕找到我的时候，已经打算辞掉网络销售的工作。这份工作她前前后后干了3年，让她很是痛苦。她跟我讲："想了很久，还是觉得互联网更有前途，还是

干回老本行吧。"

我问她："对下一份工作的薪资待遇有没有什么要求呢？"

刘燕想了想："我也不知道该怎么说。从培训机构出来，我就去做销售了，一干就是 3 年。现在我又想回到前端，您说我这算是零基础吗？薪资也不敢怎么要求，马马虎虎给个 12000 元就好了……"

我说："来之前我看了下你的专业技能。因为你太长时间没有复习，JavaScript 基础水平测试得了 16 分（满分 30 分，但 25 分才算是及格），照目前这个水平的话，你需要认认真真地学 3 个月，然后再出去求职。"

刘燕说："那学完之后，月薪能到 17000 元吗？我们当初班上的同学，都 2 万了……"

我认认真真说道："如果学得踏实的话，薪资能到 8000 元。"

她瞪大了眼睛："怎么会……不可能吧，我们那会儿出来，甭管什么水平，至少已经 8000 元了，而且那都是三四年以前的事情了。现在我要学 3 个月，才能……才能拿 8000 元？"

她学前端技术的时候，正好赶上互联网热潮。那时随便找个培训机构，学上 3 个月，确实能找到 8000 元月薪的工作。再碰上急着要人、不太了解行情的公司，工资开到 12000 元的都有。

我说："现在确实有很多人说，互联网行业不像以前那么挣钱了。我有好几个群，都把名字改成了'互联网抱团取暖群'。同样 8000 元的工资，再也不是切一切图、做一做基础的交互。需要你掌握的东西，也越来越多。"

我不禁回想到培训机构刚兴起的那段时间，教得快的老师，一个半月能带出来一个班。后来市场要求高了，慢慢地学员的学习周期变成了 2 个月，后来就变成了 2.5 个月、3 个月。行业门槛越来越高，初级程序员确实发现互联网行业不如前几年那么"火热"。

刘燕发了会儿呆，等回过神后说："老师，说实话我现在才知道要学这么多东西，而且我既然已经打算把那边销售的工作辞掉了，就是要一心一意在互联网圈混了。但是就像您刚才说的，行业要求越来越高，我又不可能把所有的东西都学会吧？如果选对了路，是不是能快一点？"

我点了点头："你刚才讲的这一点非常重要，技术每年都在更新，层出不穷，确实没必要把所有的东西都弄懂，最重要的是解决问题。其实不走弯路的话，已经相当于走捷径了，但是付出永远大于等于收获，所谓的捷径，不过是让付出和收获尽量对等。"

刘燕仿佛看到了希望："老师，咱们不是也有一对一的指导吗？能不能让我在 3 个月之内，达到月薪 12000 元的程序员的水平？我现在每天愿意抽出来 4 小时的时间来学习。如果有好公司的话，薪资稍微低一点我也是能接受的，但最好不是外包公司……"

我说："达到 12000 元是有难度的，毕竟人的能力发展，遵循的是阶梯原理。如果你不在第一级台阶积蓄足够的力量，就没办法上第二级台阶，结果只能是原地踏步。同样的台阶，悟性一般、方式一般的人，可能需要三五年；悟性好、方法对的人，也需要两三年。你非要一年甚至半年就走完别人三五年的路，无论每天投入多长时间、有多好的老师一对一辅导，也是做不到的。"

奋 斗 之 路

刘燕叹了口气，说："老师，我一想到现在还要从基础开始学，就觉得头疼。只要能快一点，我恨不得一天看 20 小时的书，我能不能只学那些有用的啊？剩下无关紧要的技术，就先放一放，等我找到合适的工作以后，再慢慢积累……"

事实上，JavaScript 基础，哪儿有"有用没用"这一说呢？只要是基础性的知识，都应该扎扎实实地过一遍。如果不是科班出身，《编译原理》和《数据结构》之类理论性强的经典书就没必要从零开始了，但是打算从基础知识开始就把"有用的技术"和"没用的技术"严格区分开，显然是办不到的。

我解释道："基础性的知识，需要扎扎实实过一遍。100 个来我这里做专业技能测试的前端程序员里，有 99 个觉得自己的基础没问题，问我的问题也都是框架层面的，但 30 道题做下来，别说满分，连及格的人都不到三分之一。很多人还是基础不过关，造成了后继乏力。"

刘燕说："这不是怕做无用功，学了半天用不上的东西嘛！跟高中生似的，学的什么受力分析、三角函数、立体几何以及氧化还原反应什么的，我看搞前端开发也用不上。"

我说："基础性的学习，包括高中的学习，其实就跟举重或者跑步差不多。那么沉的杠铃，你举起来，又放下去，用肉眼来评价，根本没什么变化；跑步也是，你从家里出发，绕着小区跑了好几圈，也没什么变化。但是在这个过程中，你锻炼了肺活量和肌肉，让自己变得更健康了。等到哪天身边人生病了，你仍然生龙活虎的，这时你才能感受到你和别人的区别。

"经常有程序员抱怨更高级的技术学着费劲，去看基础吧，又觉得没什么可看的。你刚才说高中学的知识没用，可能到现在有 99% 的高中知识你都忘了，但你经历过那个阶段，才知道从入门到精通需要多长时间。知识的掌握，需要大量练习和复习，而不能轻易去相信'30 天掌握 Vue''20 课精通 React'。"

刘燕还是不死心："看来，真没办法加快速度了吗？"

我说："这不是钱的问题，而是客观规律。现在互联网有一个趋势，门槛势必越来越高，但门槛的作用，是把那些凑热闹的人挡在门外。你不是已经打算辞职了吗？只要不急于求成，就不会走弯路。太多的程序员都被环境搞得太着急，成长的速度反而慢了很多。"

刘燕笑了笑："我以为 3 个月学下来，拿个一万二的工资已经是很低的要求了。看来自己对正常阶梯的发展，还是没有客观的认识。"

我说："没关系，你现在明白自己该怎么走就行。要知道，还有很多程序员，给自己定了不切实际的阶段性目标，仍在苦苦挣扎。有时候，在错误的路上停下来，也是一种进步。"

7.9 零基础入行的程序人生

自从我开始做咨询，接触了不少转行做程序员的人。本节也是写给那些担心自己起点的程序员。

因为距离他们足够近，所以从零基础起步的程序员的处境、他们的发展的好坏，我都能感同身受——不是科班出身，所以进入这个行业，就自带"技术自卑光环"；因为自己学历不高，还会担心一辈子只能处理最基础的活；互联网发展太快，对于未来，他们心里更是没谱。

这些都不是最重要的，抛开一切现实因素，我想聊聊零基础开始的程序员的心理状态。做咨询的时间越长，我越发感受到，程序员面临的很多问题，说穿了是心理问题。阿德勒在《自卑与超越》中讲："人活在自己的意义当中，真实的世界什么样子，并不重要。"互联网节奏是很快，竞争是很残酷，但就是这样一个行业，解决了那么多人的生计问题，可见但凡有心，解决生活问题还是能做到的。

在这里，我把阿蔡、乔月堂和蒋恒的故事放到一起分享。不打算写什么鸡汤，更算不上励志，只是通过 3 个人的对比，希望大家少一些妄念，多一些思考。

对于零基础的人来说，最大的心理障碍，其实是"起点问题"。不管是担心自己的专业，还是学历，甚至是智商，都绕不开这个点。这 3 个人的起点，也是千差万别，如果说有什么共同点的话，就是——三个人在互联网领域，基础都是零。

阿蔡原来是教育机构的客服人员，只有很普通的大专学历。想起她来的时候，还真没什么好讲的，总而言之，她普通到掉到人堆里绝对辨别不出来，更别提有上千万人口的北京了。

乔月堂是一所私立小学的老师，大学学的是师范专业，每个月拿着固定的薪水，日子过得不算十分富裕，但也算衣食无忧。

蒋恒毕业于一所 211 重点大学，学的是会计。毕业之后他进了一家中型食品公司，做财务工作，偶尔接点私活，给小公司做做账，比上不足比下有余。

这 3 个人本来是不会扯到一起的，但是现实情况是，阿蔡不想一辈子只当一个客服人员；乔月堂所在的学校想弄一个自己的网站，但是没人会，领导又不愿意找外面的人做，就发动员工们去学；而蒋恒所在的传统行业不景气，自己又对财务工作产生了倦怠。最后，他们进了同一个班，毕业的时候，也是我给他们做的职业规划。

要说起点最低的，是阿蔡。他学历吃亏，脑子也不快，最要命的是英语水平仅限于日常打招呼。上课的时候，他连英语单词都认不全。每次我提问他："那个命令单词怎么写啊？"阿蔡就支支吾吾地说："就是那个……那个 C 开头的那个单词。"

旁边不少人都笑话他。作为一个程序员，倒是不要求英语八级，但最基本的单词都拼不全，就真的有点说不过去了。遇到关键单词不会写，我都让他回去写上 100 遍。后来拼是拼熟了，但是不会念，每次提到单词，他还是一个字母一个字母地往外蹦。

如果说阿蔡有什么优点，就是想法少。有人可能不屑，这算什么啊？要知道在一个全民皆焦虑的时代，能盯住一个目标，还禁得起诱惑，每天盯着屏幕十几小时，还吃得下睡得香，这也是人才。

休息的时候我问过阿蔡："这几个月学完以后，打算找份什么样的工作啊？"

阿蔡"嘿嘿"一笑："先好好学吧，学成啥样算啥样。我基础不是特别好，到时候能有公司要我就行，大不了回去接着干客服。"

蒋恒倒是总找我聊天："老师，您看我在咱们班的水平，出去以后能找份什么样的工作啊？现在是不是工作不好找啊？我学成现在这样到底有没有公司要啊？咱们班每年有多少人找不到工作啊？"

关于相同的问题，我也问过乔月堂，他倒是一副无所谓的表情："我还是回去接着当老师，不过我对网站开发是真感兴趣。我看了看班里的人，都是 20 岁出头的小伙子，我岁数最大，都 30 多岁的人了。学校里那点儿事都能料理清楚，所以学点东西，要不然怪没意思的……"

乔月堂的态度，总结成一句话，就是"但行好事，莫问前程"。话是这么说，但大部分人只能做到一半——"莫问前程"是做到了，但是好事也"不行"了；有的人倒是"但行好事"，但对前程念念不忘，以至于影响了"修行"。

乔月堂做到了全部。

有好几次我都想当着全班同学的面，夸一夸他——"大家看看我们的乔同学，都多大岁数的人了，还从最基础的内容开始，学得那叫一个踏实。"但想到他本身就介意自己的年龄，话到了嘴边，还是咽了回去。

一转眼毕业了，3 个人当中，还是蒋恒学得最快，相对来说他找到好工作的概率也大一些。我问他接下来打算怎么办，他说："我现在感觉自己还是不行，会计的工作年前就先不辞了，有时间我就投一投简历，再把基础知识复习复习。"

阿蔡倒是面试了 20 多家公司，才勉强找了份打杂的"程序员工作"。他倒是很满意："终于不用再去当客服了。"乔月堂回去之前，跟我说："这是我搭的架子，您帮我看一下，回去我再修一修细节，让我们学校领导给我涨涨工资。"

毕业之后过了 3 年，一直没有蒋恒的消息，而阿蔡倒是经常请教我问题，因为他总问一些具体的技术问题，所以我把他推荐给了我们这边的技术老师。偶尔我也问问他职业上的进展，他说："我就想把基础夯实了，然后把 Vue 好好研究一下。"

我问他："为什么不是 React 或者 Angular 呢？"他说："我精力有限脑子也不够快，学不了那么多，先学好一个得了！"

乔月堂回去没多长时间就辞职了，问他原因，他说："我发现代码这东西还真挺有意思，看着自己的网站上线，我头一次感觉有成就感，反正也花钱学了，我就想出来看看我能不能靠这个吃饭。"

我说："转行付出的代价，你可得想清楚。你当初刚来学的时候，也就是为了完成领导给你的任务。难道是突然发现自己的天赋了？"

他说："那倒没有。我也没抱太高的希望，什么年薪百万、公司上市之类的想法也没有，就是觉得干这个更有意思，先找份工作干着呗。"

一天天过去，阿蔡的基础越来越扎实，乔月堂也找到了自己的归宿——一家在线教育平台，他多少还能发挥之前当老师的优势。有一天阿蔡给我打电话："老师，你觉得 ×× 公司怎么样啊？"我说："不错啊，在所有做内容的互联网公司里，也算是一线的水平了，你想进去？"

他说："我现在技术也还行，想进这家公司。之前我也面了几家，不太满意，这家公司我也去试了，没过，我技术上还有点差距。我是想问问您，要去这家公司的话，我需要补点什么？"

我说："你可以一步一步地来，先去一家门槛稍微低一点的，一口吃不成个胖子嘛！"阿蔡沉默了一会儿，告诉我："老师，我就想进这一家。"我告诉他："那你得准备至少一年的时间。"电话那头他想也没想："行！"

我让他好好考虑一下："真的不考虑其他公司了？"他还是那句话："我就是想进这一家。"

唐僧当年去西天取经，说自己 3 年就能回来，结果花了十多年的时光。阿蔡最后用了 3 年，跟那边的 HR 快熟成亲戚了，最终如愿以偿。

乔月堂中间只跳槽过一次，也成了一个团队的小主管，带着四五个人。不过他觉得自己要学的还有很多，虽然岁数稍微大了一点，但终归看到了方向，不再像以前那样担心 35 岁的"中年危机"问题。

意外的是，蒋恒给我打了电话，说他职业上遇到了瓶颈。我问道："是想不清楚自己到底是走管理还是走技术是吗？"他说："不是，我之前会计的工作一直没有辞掉，干到现在。当年学的前端技术早忘得差不多了，不知道是该从零开始学前端，还是继续把财务干下去。"

电话里他说："老师，我是 211 重点大学毕业的。当初选会计这一行，我就是图个稳定，结果还是因为工作的事情被搞得焦头烂额。乔月堂和阿蔡都混成管理层了，您说想当初他们俩成绩还不如我呢，我们都是从零基础开始的对不对？我自己觉得也不比他们差，真不知道为什么现在的处境这么尴尬……"

三个人的起点有高有低，总的来说都是从零起步，但结局大不相同。该说的，想说的，我都在故事里讲到了，起点不是最重要的问题。当然，乔月堂和阿蔡，现在虽然稳步提升，但也没到人生巅峰，故事也不算励志。

但是如果你感到焦虑的时候，不妨学学阿蔡，少点想法；当你对未来感到迷茫的时候，也不妨看看乔月堂，别把期望值提得太高。但你要足够努力，并且别太在乎年龄这些指标。一个人的能力有强有弱，天赋有高有低，但互联网算得上是最包容的行业之一，可以这么说，即便是蒋恒，从现在开始踏实一些，还是能找到自己的一席之地的。

祝福所有零基础入行的程序员，愿你们的程序人生足够精彩。

7.10 别人走过的弯路，也是我们的阶梯

这本书的最后一章，我放了一些案例，因为篇幅有限，只选取了一部分比较

典型的，分享出来，供大家借鉴。如果能对大家有所启发，功莫大焉。

你可能会想："这些案例跟我的情况千差万别，我怎么借鉴呢？又借鉴点什么东西呢？"

回答这个问题之前，先给你举个例子。

有本书叫作《捷径：黑客、创新者和偶像如何加速成功》（作者 Shane Snow），书里有个案例很有意思：

冠状动脉旁路移植手术，是非常复杂并且难做的手术。手术的成功与失败，对执刀的医生和其他医生而言，有多大的借鉴意义呢？

假如手术成功了，执刀医生本人以后的手术，成功的概率会提高，但是别人从他这儿借鉴不到什么有价值的东西。不是他故意保密，而是真没什么可分享的，就是按步骤来的。有人问《绝命毒师》的导演伯恩斯坦，成功的秘诀是什么，他笑了笑："我也想知道。"

假如手术失败了呢？执刀医生本人以后还是容易失败，毕竟有个专业术语叫作"心理阴影"，但是他同事的手术成功率会提高。因为一次失败的手术，院长会组织大家认真进行复盘，从失败当中汲取教训。

王小波劝自己的侄子，放弃为了音乐"体验艰苦生活"这种想法，告诉他："痛苦不是你的创作源泉，别人的痛苦才是。"

不是说"失败是成功之母"吗？这句话没错，但是很笼统，没说谁的失败会造就谁的成功。

我做咨询这些年观察到了一个现象，就是善于借鉴经验、会高效攒经验的人，一定是行业中的佼佼者。

别说是职场，这个规律就算放到生物界，照样适用。

我们人类的祖先之所以在很多灵长类动物中脱颖而出，靠的就是突出的语言沟通能力，而不是单纯的脑容量（有研究表明智人的脑容量并不是同类当中最大的）。

　　想象这样一个场景：大部分物种的经验，只能代代传递，比如一部分猩猩不认识毒蛇，被咬死了，剩下来的猩猩就知道毒蛇不能碰，经过自然淘汰，几代之后小猩猩刚出生，听见"嘶嘶"的声音就知道躲。

　　这样传递经验，缺点在于比较慢。同样的事情换成人类，只要有一个人被蛇咬死了，剩下的人就奔走相传，大家立刻就能获取相关经验。

　　类比到职业规划这件事上，每年都有那么多人进入互联网圈打拼，每天都有人迷失在弯路中，苦苦挣扎。如果想开了，找到了问题所在，用正确的方法努力，这个坎就算是过去了。

　　我对互联网行业的职业规划咨询市场的信心，在于充分认识到借鉴的意义和价值。大部分程序员埋头敲代码，对于技术以外的事情毫不关心，直到遇上岔路，不知道该怎么选，才意识到出了问题、走了弯路。

　　事实上，弯路，没必要人人都走一次。

　　前面也说了，参照别人的经验，尤其是失败的经验、错误的想法，看看自己身上有没有类似的错误，有则改之，无则加勉。职场上众人比的是相对成绩，在一个领域只要达到前 15% 的水平，就能成为这个行业的贡献者。而一个行业的贡献者，在财富的分配上面，不会太吃亏。

有些程序员说，失败的人很多，难道我要一一借鉴吗？

肯定不需要，因为有些失败确实非常个性化，就像有些成功，掺杂了太多的运气和时代背景等因素，对于个人而言没有丝毫的借鉴意义。所以我挑选的是一些比较典型的案例，虽然市场上有些行情毫无逻辑，但是能用规律解释清楚的，就值得好好研究。

因为我们每个人，并没有自己想得那么特殊。

诺贝尔经济学奖得主卡尼曼，曾经计划编写一本有关决策的高中教材。他召集了一批人，让大家估测下编写这本教材需要多长时间，有的人说两年半，有的人说半年。卡尼曼看了之前的教材编写统计，发现其他教材的编写者，有 40% 直接放弃了，剩下的 60%，大部分都花了 7～10 年的时间。

大家听到这个消息，纷纷表示不可能。编本教材而已，怎么拖这么长时间？结果呢，卡尼曼的编写小组用了 8 年的时间，才出版了这本教材。

连诺贝尔奖得主都很难逃脱大概率事件，平凡如你我，怎么一定就能不犯那些 90% 的程序员都会犯的错误？

最后，说说如何借鉴才能最快地获取经验。

学一首唐诗，老师讲解一下这首诗的意思，自己把它背过就行了；学一个数学定理，背过内容之后，还要学着用它去解决问题；而借鉴职业方面的经验，需要深层次去体会核心精神，而不是生搬硬套"形"上的东西。

有人曾经跟我争论读历史书的作用，说："历史书上记载的东西，有很多都是假的，事实既然是假的，还怎么'以史为鉴'啊？"

我说："没错，大部分史书讲的都是帝王将相如何治理国家，最后成就丰功伟绩的事情。这些具体的事情对我们程序员来说，没有半点用，别说王侯将相，我们连个村支书都不是。但反过来想想，如果连很严肃的史书都不靠谱，那些虚构的文学故事，又能有多大的意义呢？"

事实上，讨论真假、纠结对错是小孩子才干的事情，成年人需要从"有没有用"来判断一件事的价值。

故事可能是假的，但道理是真的；人物的名字是假的，但是经历是真的；具体的公司、地点可能是假的，但是现象以及背后的规律是真的。究竟能借鉴到什么内容，不在于故事本身真假，而在于看故事的人的解读水平。

我在最后一章拿出来分享的案例，也许没有一个能跟大家做到100%的情景重合，但是他们面临困难、困惑时，产生的想法，采取的措施，以及我给的建议和思考，或许对大家有用。

别人走过的弯路，确实能让我们跳出自己的思维模式，收获新的认知。从这个角度来讲，别人走过的弯路，也是我们的阶梯。